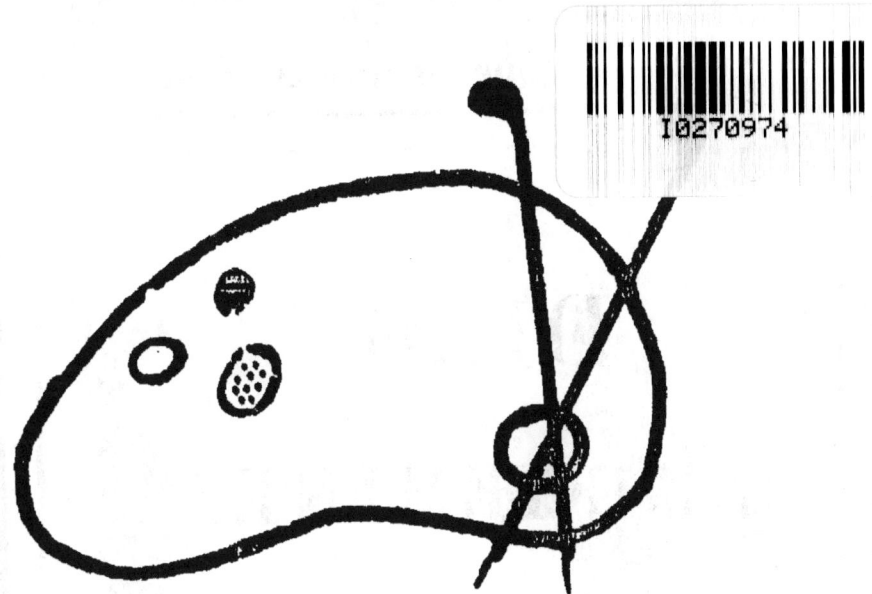

Couvertures supérieure et inférieure
en couleur

BIBLIOTHÈQUE ROSE ILLUSTRÉE

DILOY
LE CHEMINEAU

PAR

Mme LA COMTESSE DE SÉGUR

NÉE ROSTOPCHINE

ILLUSTRÉ DE 90 VIGNETTES

PAR E. CASTELLI

PARIS
LIBRAIRIE HACHETTE ET Cie
79, BOULEVARD SAINT-GERMAIN, 79

PRIX : 2 FRANCS 25

LE JOURNAL DE LA JEUNESSE

NOUVEAU RECUEIL HEBDOMADAIRE ILLUSTRÉ

POUR LES ENFANTS DE DOUZE A QUINZE ANS

CONDITIONS DE VENTE ET D'ABONNEMENT

Un numéro comprenant 16 pages grand in-8 paraît le samedi de chaque semaine.

Prix de chaque année, brochée en 2 volumes : 20 fr.
Chaque semestre, formant un volume, se vend séparément : 10 fr.
Le cartonnage en percaline rouge, tranches dorées, se paye en sus par volume 3 fr.

Prix de l'abonnement pour Paris et les départements :
un an, 20 fr.; six mois, 10 fr.

Prix de l'abonnement pour les pays étrangers qui font partie de l'Union générale des postes : un an, 22 fr.; six mois, 11 fr.

Les abonnements se prennent du 1ᵉʳ décembre et du 1ᵉʳ juin de chaque année.

MON JOURNAL

NOUVEAU RECUEIL HEBDOMADAIRE

ILLUSTRÉ DE NOMBREUSES GRAVURES EN COULEURS ET EN NOIR

A L'USAGE DES ENFANTS DE HUIT A DOUZE ANS

MON JOURNAL, à partir du 1ᵉʳ octobre 1892, est devenu hebdomadaire de mensuel qu'il était, et convient à des enfants de 8 à 12 ans.

Il paraît un numéro le samedi de chaque semaine.
Prix du numéro, 15 centimes.

ABONNEMENTS :

FRANCE { Six mois . . . 4 fr. 50 / Un an . . . 8 fr. } UNION POSTALE { Six mois 5 fr. 50 / Un an 10 fr. }

Prix de l'année 1892-1893 : brochée, 8 fr.; cartonnée avec couverture en couleurs, 10 fr.

DILOY

LE CHEMINEAU

OUVRAGES DE Mᵐᵉ LA COMTESSE DE SÉGUR
PUBLIÉS PAR LA LIBRAIRIE HACHETTE ET Cⁱᵉ

BIBLIOTHÈQUE ROSE ILLUSTRÉE

Après la pluie le beau temps, avec 129 vignettes............	2 25
Comédies et proverbes, avec 60 vignettes.................	2 25
Diloy le Chemineau, avec 90 vignettes................	2 25
François le Bossu, avec 114 vignettes..................	2 25
Jean qui grogne et Jean qui rit, avec 70 vignettes......	2 25
La fortune de Gaspard, avec 52 vignettes	2 25
La sœur de Gribouille, avec 70 vignettes................	2 25
L'auberge de l'Ange-Gardien, avec 75 vignettes..	2 25
Le général Dourakine, avec 100 vignettes	2 25
Les bons enfants, avec 70 vignettes.....................	2 25
Les deux nigauds, avec 76 vignettes....................	2 25
Les malheurs de Sophie, avec 48 vignettes.............	2 25
Le mauvais génie, avec 80 vignettes..............	2 25
Les petites filles modèles, avec 21 vignettes.	2 25
Les vacances, avec 36 vignettes.......................	2 25
Mémoires d'un Âne, avec 75 vignettes..............	2 25
Nouveaux contes de fées, avec 16 vignettes.	2 25
Quel amour d'enfant! avec 79 vignettes	2 25
Un bon petit diable, avec 100 vignettes................	2 25
Pauvre Blaise, avec 76 vignettes.....................	2 25

La reliure en percaline gaufrée rouge se paye en sus : tranches jaspées, 1 fr. tranches dorées, 1 fr. 25.

Format in-8°, broché

La Bible d'une grand'mère, avec 30 gravures...........	10 »
Évangile d'une grand'mère, avec 30 gravures...........	10 »
Les Actes des Apôtres, avec 10 gravures................	10 »

Évangile d'une grand'mère, édition classique, in-12, cart.	1 50
La Santé des enfants, in-18 raisin, broché.............	» 50

30427. — Imprimerie A. Lahure, rue de Fleurus, 9, à Paris.

DILOY

LE CHEMINEAU

PAR

Mᵐᵉ LA COMTESSE DE SÉGUR

NÉE ROSTOPCHINE

ILLUSTRÉ DE 90 VIGNETTES

PAR H. CASTELLI

NOUVELLE ÉDITION

PARIS
LIBRAIRIE HACHETTE ET Cⁱᵉ
79, BOULEVARD SAINT-GERMAIN, 79

1895

Droits de traduction et de reproduction réservés.

A MA PETITE FILLE

FRANÇOISE DE PITRAY

Chère petite,

Je te dédie l'histoire du Bon Chemineau et de l'orgueilleuse Félicie. Prie tes frères et tes sœurs de te garder ce livre en attendant qu'il puisse t'intéresser.

Ta grand'mère qui t'aime beaucoup,

COMTESSE DE SÉGUR,
née ROSTOPCHINE.

DILOY
LE CHEMINEAU

I

FÉLICIE

MADAME D'ORVILLET.

Voici le beau temps revenu, mes enfants; nous pouvons sortir.

LAURENT.

Où irons-nous, maman?

MADAME D'ORVILLET.

Allons faire une visite aux pauvres Germain; le

petit Germain était malade la dernière fois que nous l'avons vu ; nous irons savoir de ses nouvelles.

FÉLICIE.

Ce n'est pas la peine d'y aller nous-mêmes ; il vaut mieux y envoyer un des gens de la ferme.

MADAME D'ORVILLET.

C'est bien plus aimable d'y aller nous-mêmes. Notre visite leur fera plaisir à tous.

LAURENT.

Et puis, ils ont des cerisiers magnifiques ; les cerises doivent être mûres, nous en mangerons ; c'est si bon des cerises !

FÉLICIE.

Oui, mais c'est si loin ! J'aime bien mieux qu'on nous en apporte chez nous.

LAURENT.

Qu'est-ce que tu dis donc ? Ce n'est pas loin du tout ; c'est à dix minutes d'ici. En y allant nous-mêmes, nous mangerons bien plus de cerises et nous choisirons les plus belles.

MADAME D'ORVILLET.

Voyons, Félicie, ne fais pas la paresseuse ; est-ce qu'une petite fille de près de douze ans doit trouver fatigante une promenade d'un quart d'heure, que ton frère de sept ans et ta sœur de cinq ans font sans cesse sans y penser ? Préparez-vous à sortir ; je vais revenir vous chercher dans cinq minutes. Anne est chez sa bonne, il faudrait la prévenir ; va la chercher, Félicie. »

Mme d'Orvillet sortit, et Félicie ne bougea pas

« Voyons, Félicie, ne fais pas la paresseuse. »

de dessus le fauteuil sur lequel elle était nonchalamment étendue.

LAURENT.

Félicie, tu n'as pas entendu que maman t'a dit d'aller chercher Anne?

FÉLICIE.

Je suis fatiguée.

LAURENT.

Fatiguée! Tu n'as pas bougé depuis une heure.... Mais lève-toi donc, paresseuse; tu vas voir que tu seras grondée.

FÉLICIE.

Vas-y toi-même.

LAURENT.

Ce n'est pas à moi que maman l'a dit.

FÉLICIE.

Parce que tu es trop bête pour trouver quelqu'un.

LAURENT.

Alors, pourquoi veux-tu que j'y aille?

FÉLICIE.

Laisse-moi tranquille; je te dis que je suis fatiguée; c'est bien la peine de se déranger pour ces gens-là.

LAURENT.

Comme c'est vilain d'être orgueilleuse! Je vais aller chercher Anne, mais je ne reviendrai pas t'avertir, et tu resteras seule à la maison; tu t'ennuieras, et tu n'auras pas de cerises.

FÉLICIE.

Tu ne penses qu'à manger, toi; avec des cerises on te ferait marcher pendant deux heures.

LAURENT.

J'aime mieux ça que d'être..., je ne veux pas dire quoi, d'être comme toi. »

Mme d'Orvillet rentre avec son chapeau et prête à partir.

« Eh bien! vous n'êtes pas encore prêts, mes enfants! Où est Anne?

FÉLICIE, *se levant de dessus son fauteuil.*

Je ne sais pas, maman; je vais voir.

MADAME D'ORVILLET.

Je t'avais dit d'y aller; pourquoi as-tu attendu jusqu'à présent?

LAURENT.

Elle dit qu'elle est fatiguée, et elle n'a pas bougé depuis que nous sommes rentrés.

MADAME D'ORVILLET.

Tu es donc malade, Félicie? Pourquoi te sens-tu si lasse sans avoir rien fait de fatigant?

FÉLICIE.

Je ne suis pas malade, maman, mais je voudrais ne pas sortir.

MADAME D'ORVILLET.

Pourquoi cela? Toi qui aimes à faire de grandes promenades et qui es bonne marcheuse. »

Félicie rougit, baisse la tête et ne répond pas.

LAURENT, *bas, s'approchant de sa sœur.*

Je parie que je devine.... Veux-tu que je dise? »

Félicie lui pince légèrement le bras et lui dit tout bas :

« Tais-toi. »

MADAME D'ORVILLET.

Qu'est-ce qu'il y a donc? Pourquoi ris-tu, Laurent? Et toi, Félicie, pourquoi as-tu l'air embarrassée?

LAURENT.

Je ne peux pas vous le dire, maman : Félicie serait furieuse.

MADAME D'ORVILLET.

Alors c'est quelque chose de mal.

FÉLICIE.

Pas du tout, maman; c'est Laurent qui a des idées bêtes et qui....

LAURENT.

Ah! j'ai des idées bêtes? Comment sais-tu qu'elles sont bêtes, puisque tu ne les connais pas?

FÉLICIE.

Ce n'est pas difficile à deviner.

LAURENT.

Si tu devines, c'est que j'ai bien deviné; et puisque tu me dis des sottises, je vais dire mon idée à maman. C'est par orgueil que tu fais semblant d'être fatiguée, pour ne pas aller savoir des nouvelles du petit Germain.

FÉLICIE, *très rouge.*

Ce n'est pas vrai; c'est parce que je suis réellement fatiguée. »

La maman commençait à croire que Laurent avait trouvé la vraie cause de la fatigue de Félicie, mais elle n'eut pas l'air de s'en douter.

MADAME D'ORVILLET.

Puisque tu es réellement fatiguée, tu resteras à la maison à te reposer; j'irai voir les Germain avec

Laurent et Anne; de là nous irons faire une visite au château de Castelsot....

FÉLICIE, *vivement.*

Vous irez à Castelsot? Je voudrais bien y aller aussi; j'aime beaucoup Mlle Cunégonde et M. Clodoald.

MADAME D'ORVILLET.

Comment veux-tu y aller, fatiguée comme tu l'es? C'est deux fois aussi loin que la maison de Germain.

FÉLICIE.

Je me sens mieux maintenant; je crois que marcher me fera du bien.

MADAME D'ORVILLET.

Non, non, mon enfant, il faut te bien reposer; ce soir, tu feras une petite promenade dans les champs; ce sera bien assez.

FÉLICIE.

Oh! maman, je vous en prie! Je vous assure que je me sens très bien.

MADAME D'ORVILLET.

Tu seras mieux encore ce soir. Va rejoindre ta bonne. Viens, Laurent; allons chercher la petite Anne et partons. »

Félicie, restée seule, se mit à pleurer.

« C'est ennuyeux que maman ne m'ait pas dit qu'elle irait chez Cunégonde et Clodoald; je parie qu'elle l'a fait exprès pour me punir. Si j'avais pu le deviner, je n'aurais pas fait semblant d'être fatiguée. Ces visites chez les bonnes gens du village sont si ennuyeuses! Et puis, comme le disait Cunégonde l'autre jour, ils ne sont pas élevés comme nous; ils sont ignorants, sales; ils n'osent pas bouger. Anne et Laurent prétendent qu'ils sont amusants, moi je les trouve ennuyeux et bêtes.... Mais, tout de même, j'aurais été chez les Germain si j'avais su que maman voulait aller à Castelsot en sortant de chez eux.... Qu'est-ce que je vais faire toute seule à présent?... Mon Dieu, que je suis donc malheureuse!... (*Félicie bâille.*) Je m'ennuie horriblement.... Je vais appeler ma bonne. »

Félicie ouvre la porte et appelle :

« Ma bonne!... ma bonne!... Elle ne vient pas.... Ma bonne!... Viens vite! je suis toute seule!... Elle ne m'entend pas! Je crois qu'elle le fait exprès! Ma bonne! ma bonne!

LA BONNE, *arrivant.*

Qu'est-ce qu'il y a donc? C'est vous, Félicie; par quel hasard êtes-vous ici toute seule? Je vous croyais sortie avec votre maman.

FÉLICIE.

On m'a laissée toute seule.

LA BONNE.

Pourquoi cela? Pourquoi votre maman ne vous a-t-elle pas emmenée?

FÉLICIE.

Parce qu'elle croyait que j'étais fatiguée.

LA BONNE.

Fatiguée de quoi donc? Qu'avez-vous fait pour être fatiguée?

FÉLICIE.

Rien du tout. C'est que je ne voulais pas aller

chez les Germain, et j'ai dit que j'étais fatiguée. Et puis maman a dit qu'elle irait chez Mme la baronne de Castelsot; elle n'a pas voulu m'emmener, et elle m'a laissée toute seule avec toi. Cela ne m'amuse pas, tu penses bien.

LA BONNE.

Ni moi non plus, je vous assure. Mais pourquoi ne vouliez-vous pas aller chez les Germain?

FÉLICIE.

Parce que c'est humiliant d'aller faire des visites à ces gens-là, qui sont des gens de rien.

LA BONNE.

Je ne vois rien d'humiliant d'aller chez ces *gens-là*, comme vous les appelez; ce sont de très braves gens, bien meilleurs à voir que les Castelsot, qui sont de vrais sots; ils portent bien leur nom.

FÉLICIE.

Je te prie de ne pas parler si impoliment de M. le baron et de Mme la baronne de Castelsot; ce sont des gens comme il faut, et j'aime beaucoup M. Clodoald et Mlle Cunégonde.

LA BONNE.

Des petits insolents, orgueilleux, mal élevés, qui vous donnent de très mauvais conseils. On les déteste dans le pays, et on a bien raison.... Et qu'allez-vous faire à présent?

FÉLICIE.

Je ne ferai rien du tout; je ne veux pas causer avec toi, parce que tu parles mal de mes amis.

LA BONNE.

Je ne vous demande pas de causer avec moi; je

n'y tiens guère; depuis quelque temps vous avez toujours des choses désagréables à dire. Ce n'est pas comme Anne et Laurent, qui sont aimables et polis; ils ne méprisent personne, ceux-là. Vous devriez faire comme eux, au lieu de prendre conseil de vos amis de Castelsot.

FÉLICIE.

Anne et Laurent n'aiment que les pauvres gens; et moi, je ne veux pas jouer avec des gens mal élevés et au-dessous de moi.

LA BONNE.

S'ils sont au-dessous de vous pour la fortune, ils sont au-dessus pour la bonté et la politesse. C'est très vilain de mépriser les gens parce qu'ils sont pauvres; vous vous ferez détester de tout le monde si vous continuez.

FÉLICIE.

Cela m'est bien égal que ces gens-là me détestent; je n'ai pas besoin d'eux et ils ont besoin de nous.

LA BONNE, *sévèrement*

Mademoiselle Félicie, souvenez-vous de la fable du Lion et du Rat. Le pauvre petit rat a sauvé le lion en rongeant les mailles du filet dans lequel le lion se trouvait pris, et dont il ne pouvait pas se dépêtrer malgré toute sa force. Il pourra bien vous arriver un jour d'avoir besoin d'un de ces pauvres gens que vous méprisez aujourd'hui.

FÉLICIE.

Ah! ah! ah! je voudrais bien voir cela. Moi avoir besoin des Germain ou des Mouchons, des Frolet, des Piret? Ah! ah! ah! »

La bonne leva les épaules et la regarda avec pitié. Elle s'assit sur une chaise et se mit à travailler à l'ouvrage qu'elle avait apporté. Félicie bouda et s'assit à l'autre bout de la chambre ; elle bâilla, s'ennuya et finit par appeler sa bonne.

« Viens donc m'amuser, ma bonne ; je m'ennuie.

LA BONNE.

Tant pis pour vous ; je ne suis pas obligée de vous amuser. D'ailleurs je suis trop au-dessous de vous pour jouer avec vous.

FÉLICIE.

Maman te paye pour nous servir et pour nous amuser.

LA BONNE.

Votre maman paye mes services et je la sers de mon mieux, parce qu'elle me traite avec bonté, qu'elle me témoigne de l'amitié et qu'elle me parle toujours avec politesse. Je fais plus que je ne dois pour Anne et Laurent, qui m'aiment et qui sont gentils. Mais pour vous, qui êtes impolie et méchante, je ne fais tout juste que ce qui regarde mon service, et, comme je viens de vous le dire, mon service ne m'oblige pas à vous amuser.

FÉLICIE.

Je le dirai à maman, et je lui dirai aussi comment tu parles de mes amis de Castelsot.

LA BONNE.

Dites ce que vous voudrez, et soyez sûre que, de mon côté, je raconterai à votre maman tout ce que vous venez de me dire.

FÉLICIE.

Quand je verrai mes amis, je leur dirai de ne jamais te prendre à leur service, si tu veux te placer chez eux.

LA BONNE.

Si jamais je quitte votre maman, ce n'est pas chez eux que je me présenterai, vous pouvez bien les en assurer. »

Félicie continua à dire des impertinences à sa bonne, qui ne lui répondit plus et ne l'écouta pas. Après deux grandes heures d'ennui et de bâillements, elle entendit enfin la voix de sa maman qui entrait, et courut au-devant d'elle.

II

LA VISITE AUX GERMAIN

MADAME D'ORVILLET.

Eh bien! Félicie, comment es-tu à présent? Toujours fatiguée?

FÉLICIE.

Non, maman, pas du tout; je voudrais bien sortir.

MADAME D'ORVILLET.

Je ne peux pas te promener, parce que je suis très fatiguée à mon tour; mais tu peux sortir avec ta bonne.

FÉLICIE.

Je ne veux pas sortir avec ma bonne : elle est d'une humeur de chien; elle n'a fait que me gronder tout le temps; elle n'a pas voulu jouer avec moi, ni m'aider à m'amuser.

MADAME D'ORVILLET.

Je parie que tu lui as dit quelque impertinence, comme tu fais si souvent.

FÉLICIE.

Non, maman; seulement je n'ai pas voulu qu'elle dise du mal de mes amis de Castelsot; c'est cela qui l'a mise en colère.

MADAME D'ORVILLET.

Cela m'étonne, car je ne l'ai jamais vue en colère. Et quant à tes amis, tu sais que je n'aime pas à t'y mener souvent, à cause de leur sotte vanité. »

Félicie rougit et détourna la conversation en demandant où étaient Laurent et Anne.

MADAME D'ORVILLET.

Ils sont restés chez les Germain; ils s'y amusaient tant, que je les y ai laissés; ta bonne ira les chercher dans une demi-heure.

FÉLICIE.

Ils s'y amusent? Qu'est-ce qu'ils font donc?

MADAME D'ORVILLET.

Ils aident à cueillir des cerises que les Germain m'ont vendues pour faire des confitures. Si tu veux y aller, je dirai à ta bonne de t'y mener tout de suite.

FÉLICIE.

Je veux bien; je n'ai pas goûté, tout justement. »

Mme d'Orvillet entra dans sa chambre et y trouva la bonne, qui travaillait encore.

MADAME D'ORVILLET.

Valérie, j'ai laissé les enfants chez les Germain; Félicie a envie d'aller les y rejoindre, voulez-vous l'y mener et les ramener tous dans une heure?

LA BONNE.

Très volontiers, madame; je crois que Félicie est est assez punie par l'ennui qu'elle a éprouvé depuis deux heures.

MADAME D'ORVILLET.

Punie, de quoi donc? Est-ce qu'elle a été méchante?

LA BONNE.

Pas précisément méchante, mais pas très polie; et puis, elle m'a avoué qu'elle avait fait semblant d'être fatiguée, pour éviter l'humiliation de faire une visite aux Germain, qu'elle trouve trop au-dessous d'elle.

MADAME D'ORVILLET.

Je m'en doutais; c'est pourquoi je n'ai pas voulu l'emmener quand elle a changé d'idée. Où prend-elle ces sottes idées, que n'ont pas Laurent et Anne, quoiqu'ils soient bien plus jeunes qu'elle.

LA BONNE.

Je crois, madame, que les Castelsot y sont pour quelque chose; elle aime beaucoup à voir Mlle Cunégonde et M. Clodoald; et madame sait comme ils sont orgueilleux et impertinents.

MADAME D'ORVILLET.

Vous avez raison; elle les verra de moins en moins.

LA BONNE.

Madame fera bien; l'orgueil se gagne, comme les maladies de peau; en visitant les malades, on gagne leurs maladies. »

Félicie entra et dit avec humeur :

« Est-ce que ma bonne refuse de me mener chez les Germain ? Elle trouve peut-être que ce n'est pas dans son service, comme elle me disait tout à l'heure.

— Félicie ! répondit la maman avec sévérité, pas d'impertinence. Je veux que tu sois polie avec ta bonne, qui est chez moi depuis ta naissance et qui vous a tous élevés. Tu dois la respecter, et je veux que tu lui obéisses comme à moi.

LA BONNE.

Mademoiselle Félicie, il entre dans mon service d'obéir à votre maman et de lui être agréable. Je suis prête à vous accompagner. »

La bonne et Félicie sortirent et se mirent en route pour rejoindre Laurent et Anne. Félicie ne parlait pas, la bonne non plus ; Félicie s'ennuyait et ne savait comment faire pour rendre à sa bonne sa gaîté accoutumée ; elles arrivèrent donc silencieusement dans le petit pré qui précédait la maison des Germain ; Félicie put entendre les cris de joie que poussaient les enfants ; elle courut à la barrière qui séparait le jardin d'avec la prairie, et vit le petit Germain et son père grimpés dans un cerisier ; Laurent et Anne ramassaient les cerises qui tombaient comme grêle autour d'eux. La mère Germain les aidait de son mieux.

« Nous arrivons pour vous aider ! cria la bonne en ouvrant la barrière.

— Ma bonne ! ma bonne ! s'écrièrent à leur tour les enfants, en courant au-devant d'elle. Viens vite! nous avons bientôt fini, mais nous sommes fatigués.

LAURENT.

Nous en avons cueilli et ramassé près de vingt livres.

ANNE.

Et maman en a demandé beaucoup.

LA BONNE.

Le petit Germain va donc bien?

MÈRE GERMAIN.

Très bien, mademoiselle; bien des remerciments; la potion que Mme la comtesse lui a donnée l'autre jour a enlevé la toux comme avec la main.

LA BONNE.

J'en suis bien aise; madame a toujours des recettes excellentes.

MÈRE GERMAIN.

Pour ça, oui, mademoiselle; et c'est qu'elle les donne sans les faire payer; pour nous autres pauvres gens, c'est une grande chose; quand on a de la peine à gagner sa vie, on regarde à tout; la moindre dépense extraordinaire nous gêne.

FÉLICIE.

Trois ou quatre sous ne peuvent pas vous gêner?

MÈRE GERMAIN.

Pardon, mam'selle; quatre sous c'est le sel de la semaine, ou bien le pain d'un repas; il ne faut pas que ça se répète souvent pour gêner.

FÉLICIE.

Mais vous gagnez de l'argent; ainsi les cerises

que vous abattez, vous vous gardez bien de les donner, vous les vendez à maman.

MÈRE GERMAIN, *tristement.*

Mon Dieu! oui, mam'selle; il le faut bien. Je serais bien heureuse de vous les offrir, mais votre maman ne voudrait pas les accepter, parce qu'elle sait bien que nous faisons argent de tout, et que nous le faisons par nécessité. »

Laurent et Anne paraissaient mal à l'aise; la bonne parlait bas à Félicie, qui la repoussait du coude. Le père Germain et son fils étaient descendus de l'arbre; la joie avait disparu; Félicie regardait les pauvres Germain de son air hautain : tout le monde se sentait gêné.

Enfin, la mère Germain prit un panier de cerises et en offrit à Félicie.

« Si mademoiselle voulait bien goûter de nos cerises. Elles sont bien mûres. »

Félicie en saisit une poignée sans remercier, et s'assit au pied d'un arbre pour les manger commodément.

« Et vous autres, dit-elle à Laurent et à Anne, vous n'en mangez pas?

LAURENT.

Nous en avons déjà mangé.

FÉLICIE, *d'un air moqueur.*

Les avez-vous comptées?

LAURENT.

Non; pourquoi les compter?

FÉLICIE, *ricanant.*

Pour savoir combien maman devra payer.

« Ne vous affligez pas, mes bons amis. » (Page 23.)

LA BONNE.

Oh! Félicie, vous êtes encore plus méchante que je ne le croyais!

ANNE.

Pourquoi es-tu venue? Tu aurais dû rester à la maison.

LAURENT.

Depuis que tu es arrivée, on ne rit plus, on ne cause plus; tu as gâté notre plaisir. »

Félicie continua à manger ses cerises; Laurent et Anne cherchèrent à égayer le petit Germain, qui regardait ses parents avec inquiétude. La bonne s'avança vers le père et la mère Germain, et, les emmenant à l'écart :

« Ne vous affligez pas, mes bons amis, leur dit-elle, des paroles impertinentes de cette petite fille. Si madame était ici, elle la punirait d'importance; mais je les lui redirai, et je vous réponds qu'elle saura bien l'empêcher de recommencer.

MÈRE GERMAIN.

Je vous en prie, mademoiselle Valérie, n'en dites rien à madame; je serais bien chagrine que Mlle Félicie fût punie à cause de moi; elle dit tout cela sans y penser, sans méchante intention.

LA BONNE.

Si fait, si fait; je la connais, elle se plaît à humilier les gens; il faut qu'elle soit humiliée à son tour.

PÈRE GERMAIN.

Oh! mademoiselle Valérie, quel bien retirerons-

loir nous blesser, elle ne mérite pas d'être punie, et si elle a voulu nous chagriner, c'est qu'elle n'a pas bon cœur, et la punition ne la changera pas.

LA BONNE.

C'est égal, je m'en plaindrai tout de même à sa mère. Son cœur n'en deviendra peut-être pas meilleur, mais elle n'osera toujours pas recommencer. »

III

LE CHEMINEAU[1]

Félicie avait mangé ses cerises; elle appela sa bonne.

« Ma bonne, il faut nous en aller; il y a longtemps que nous sommes ici; maman a dit que nous soyons revenus dans une heure.

LAURENT.

Oh non! pas encore, ma bonne; nous ramasserons encore des cerises oubliées, et puis nous les mettrons sur des feuilles de chou, dans deux grands paniers, pour que Germain nous les apporte. N'est-ce pas, Germain, vous voulez bien les porter? C'est trop lourd pour nous.

1. Dans les campagnes on appelle *chemineaux* les ouvriers étrangers au pays, qui travaillent aux chemins de fer.

GERMAIN.

Pour ça, oui, et de grand cœur, mon bon petit monsieur Laurent.

FÉLICIE.

Tout cela sera trop long; il faut nous en aller tout de suite.

LAURENT.

Va-t'en seule si tu veux, nous restons avec ma bonne.

FÉLICIE.

Je veux que ma bonne vienne avec moi.

LAURENT.

Non, elle ne s'en ira pas ; elle n'est pas obligée de t'obéir.... Anne, aide-moi à retenir ma bonne. »

Laurent se cramponna à la robe de sa bonne; Anne fit de même de l'autre côté. La bonne se mit à rire et les embrassa en disant :

« Vous n'avez pas besoin de me retenir de force, mes enfants, je n'ai pas envie de m'en aller. Vous avez encore un bon quart d'heure à rester ici. Félicie nous attendra.

FÉLICIE.

Je n'attendrai pas et je m'en irai seule.

LA BONNE.

Et votre maman vous grondera; sans compter que vous pouvez faire quelque mauvaise rencontre en chemin.

FÉLICIE.

Ça m'est bien égal; je ne crains personne.

LA BONNE.

Mais, tout de même, vous nous attendrez; je

ne veux pas que vous vous en alliez seule, et je ne veux pas que Laurent et Anne soient privés pour vous de leur quart d'heure de récréation. »

Félicie jeta sur sa bonne un regard moqueur et courut à la barrière, qu'elle ouvrit ; elle se précipita dans un chemin tournant bordé de haies, qui menait jusqu'au château ; quand la bonne arriva à la barrière, Félicie avait disparu.

La bonne revint près des deux enfants.

« Au fait, dit-elle, je ne peux pas la retenir de force, et je ne peux pas laisser mes deux pauvres petits pour courir après elle ; elle court plus vite que moi. Je ne pense pas qu'il lui arrive d'accident ; il n'y a pas à se tromper de chemin ; d'ailleurs une petite fille de près de douze ans peut bien se tirer d'affaire, quand elle s'obstine à faire la grande dame.

GERMAIN.

Tout de même, mademoiselle Valérie, j'ai bonne envie de lui faire escorte sans qu'elle s'en doute, en suivant l'autre côté de la haie jusqu'à l'avenue du château.

LA BONNE.

Je veux bien, père Germain : je serai plus tranquille quand je vous saurai là. Emportez, par la même occasion, un de nos paniers de cerises qui est prêt ; nous vous préparerons l'autre pour un second voyage ; c'est lourd à porter, vous en aurez assez d'un à la fois. »

Germain alla chercher le panier et se dirigea

par le même chemin qu'avait pris Félicie, mais de l'autre côté de la haie.

Il marcha assez longtemps et sans se dépêcher, pour ne pas trop secouer ses cerises ; il ne rattrapait pas Félicie. A plus de moitié chemin il crut entendre des cris ; il s'arrêta, prêta l'oreille.

« Bien sûr, c'est quelqu'un qui crie. Pourvu que ce ne soit pas un malheur arrivé à Mlle Félicie ! Ce n'est pas que je lui porte grande amitié, mais sa maman en souffrirait, et je l'aime bien, celle-là. »

Le père Germain s'était dépêché ; il n'entendait plus crier ; à un tournant du chemin il aperçut un chemineau qui arrivait en chancelant à sa rencontre.

« Mon brave homme, dit-il quand ils se furent rejoints, j'ai entendu crier tout à l'heure ; sauriez-vous ce que c'est ?

LE CHEMINEAU, *d'une voix avinée*

Si je le sais ! Je crois bien que je le sais ! Ah ! ah ! ah ! elle en a eu et c'était bien fait.

PÈRE GERMAIN, *inquiet*.

Qui ça, *elle* ? Qu'est-il arrivé ?

LE CHEMINEAU.

Elle ! La petite, donc. Elle avait beau gigoter, me cracher à la figure, elle l'a eu tout de même.

GERMAIN.

Mais quoi ? Qu'a-t-elle eu ? Expliquez-vous donc, que je vous comprenne.

LE CHEMINEAU.

Il y a qu'une petite demoiselle courait ; le chemin était juste pour passer, à cause d'un tas de fagots versés au milieu du passage. La petite était embarrassée pour enjamber les fagots. Moi qui suis bonhomme et affectionné aux enfants, je lui prends les mains pour lui venir en aide ; elle me dit :

« — Ne me touchez pas, vieux sale ! »

« Elle arrache ses mains des miennes ; la secousse la fait tomber. Moi qui suis bonhomme et affectionné aux enfants, je lui pardonne sa sottise et veux la relever ; elle me détale un coup de pied en plein visage en criant :

« — Je ne veux pas qu'un paysan me touche ;
« laissez-moi, malpropre, grossier, dégoûtant ! »

« Ah mais ! c'est que, moi qui suis bonhomme, je commençais à ne pas être trop content. Plus je la tirais, plus elle m'agonisait de sottises, plus elle jouait des pieds et des mains.

« — Finissez, mam'selle, que je lui dis ; je suis
« bonhomme et j'affectionne les enfants, mais
« quand ils sont méchants, je les corrige, toujours
« par affection.

« — Osez me toucher, rustre, et vous verrez. »

« Puis la voilà qui se met à me cracher à la figure. Pour le coup, c'était trop fort ; je casse une baguette, j'empoigne la petite et je la corrige. Quand je vois qu'elle en a assez, je la pose à terre.

« — Vous voyez, mam'selle, que je lui ai dit,
« comme j'affectionne les enfants. Vous voilà cor-
« rigée ; je suis bonhomme, je n'ai pas été trop fort ;
« ne recommencez pas. »

« Elle est partie comme une flèche, et voilà. »

Le chemineau riait ; Germain était consterné. Ce chemineau, qu'il ne connaissait pas, était évidemment ivre et n'avait pas son bon sens. Il oublierait sans doute ce qui s'était passé.

Germain pensa que pour lui-même le mieux était de n'en pas parler.

« Mlle Félicie ne s'en vantera pas, je suppose; elle serait trop humiliée d'avouer qu'elle a été battue par un chemineau; monsieur et madame en seraient désolés. Décidément je n'en dirai rien. »

Et le brave Germain continua son chemin. En approchant de l'avenue du château, il trouva Félicie assise au pied d'un arbre. Il s'approcha d'elle.

FÉLICIE, *durement*.

Que voulez-vous? Pourquoi venez-vous ici? Pourquoi êtes-vous venu avant ma bonne?

GERMAIN.

J'apporte un panier de cerises, mademoiselle. Il y en a un second; ils étaient un peu lourds, j'ai mieux aimé faire deux voyages que les mettre ensemble sur une brouette; les cerises n'aiment pas à être secouées, vous savez. Où faut-il les porter?

FÉLICIE, *de même*.

Je n'en sais rien; demandez aux domestiques. Pourquoi me regardez-vous? Pourquoi m'avez-vous suivie? Avez-vous rencontré quelqu'un?

GERMAIN.

Personne que je connaisse, mademoiselle. Et mademoiselle n'a besoin de rien?

FÉLICIE.

Je n'ai besoin de personne; j'attends ma bonne. Laissez-moi. »

Le père Germain salua et continua son chemin.

« Je ne veux pas qu'un paysan me touche. » (Page 29.)

« Si j'avais une fille comme Mlle Félicie, pensa-t-il, c'est elle qui en recevrait! Le chemineau a bien fait de boire un coup de trop; s'il avait été dans son bon sens, il n'aurait jamais osé,... et pourtant elle le méritait bien. »

Félicie resta assise au pied de son arbre, réfléchissant sur ce qui s'était passé; parfois des larmes de rage s'échappaient de ses yeux.

« Pourvu qu'on ne le sache pas! se disait-elle. Je mourrais de honte!... Moi, fille du comte d'Orvillet, battue par un paysan!... Jamais je ne sortirai seule.... Ma bonne aurait dû me reconduire; c'est très mal à elle de m'avoir laissée revenir seule.... Et ces imbéciles de Germain qui n'avaient rien à faire, ils auraient bien pu m'accompagner.... Et comme c'est heureux que ce Germain ne soit pas venu cinq minutes plus tôt, pendant que ce brutal paysan me battait! Il aurait été enchanté; il l'aurait raconté à tout le village. C'est si grossier, ces paysans! Clodoald me le disait bien l'autre jour. Ils ne sentent rien, ils ne comprennent rien.... Aïe! le dos et les épaules me font un mal! Je ne peux pas me redresser.... J'ai mal partout. Ce méchant homme! Si je pouvais me venger, du moins.... Mais je ne peux pas; il faut que je me taise.... Tout le monde se moquerait de moi. »

Félicie se mit à pleurer, le visage caché dans ses mains. Elle ne vit pas approcher sa bonne, son frère et sa sœur, qui s'étaient arrêtés devant elle et qui la regardaient pleurer.

LAURENT.

Qu'est-ce que tu as donc ? Pourquoi pleures-tu ? »
Félicie se leva avec difficulté.

FÉLICIE.

Je ne pleure pas, pourquoi veux-tu que je pleure ?

ANNE.

Mais ton visage est tout mouillé, pauvre Félicie.

FÉLICIE, *embarrassée*.

e m'ennuie. Vous avez été si longtemps à revenir.

ANNE.

Pourquoi n'es-tu pas rentrée à la maison ?

FÉLICIE, *de même*.

J'avais peur que maman ne..., ne... grondât ma bonne pour m'avoir laissée revenir seule.

LAURENT.

Mais ce n'était pas la faute de ma bonne. C'est toi qui t'es sauvée ; ma bonne ne pouvait pas nous laisser chez Germain pour courir après toi.

LA BONNE.

Si c'est pour moi que vous pleuriez, Félicie, vous pouvez sécher vos larmes, car je n'ai rien fait pour être grondée, et je ne crains rien.

LAURENT.

Dis tout simplement la vérité : c'est toi qui as peur d'être grondée.

FÉLICIE.

Pas du tout ; tu m'ennuies.

LAURENT, *riant*.

Parce que je te dis la vérité.

LA BONNE.

Allons, rentrons, mes enfants ; je crois que nous sommes en retard. »

Félicie se remit à marcher, mais elle allait lentement et restait en arrière.

LAURENT.

Avance donc! Comme tu vas lentement! Maman ne sera pas contente; tu vas nous faire arriver trop tard. »

Anne se retournait de temps en temps.

ANNE.

Ma bonne, je t'assure que Félicie a mal; je crois qu'elle est tombée et qu'elle ne veut pas le dire. »

La bonne regarda Félicie.

LA BONNE.

Non; elle boude et fait semblant d'être fatiguée, comme tantôt avec votre maman.

Ils arrivèrent enfin; Mme d'Orvillet gronda un peu, parce qu'on était en effet en retard d'une demi-heure. Personne ne dit rien; la bonne ne parla pas de ce qui s'était passé chez les Germain, ni de l'escapade de Félicie.

IV

LE CHEMINEAU S'EXPLIQUE

Trois jours après on alla en promenade du côté de Castelsot; Mme d'Orvillet n'y avait pas été le jour de la visite de Germain; à moitié chemin on rencontra M. et Mme de Castelsot avec leurs enfants.

LE BARON.

Bien heureux de vous rencontrer, chère comtesse; nous allions chez vous.

LA BARONNE.

Et vous veniez sans doute chez nous : j'espère que vous voudrez bien entrer à Castelsot pour vous reposer et prendre quelques rafraîchissements. »

Mme d'Orvillet hésitait à accepter l'invitation, lorsque Laurent s'écria :

« C'est ça; j'ai une faim et une soif terribles; nous goûterons au château; les goûters sont si bons là-bas, bien meilleurs que chez nous. »

Mme de Castelsot, flattée de l'éloge et de la comparaison, insista auprès de Mme d'Orvillet, qui fut obligée d'accepter.

Aussitôt après l'arrivée, on servit aux enfants un goûter magnifique; les parents restèrent assis devant le château. Après quelques instants de conversation, ils virent un homme qui s'approchait avec embarras, tenant son chapeau à la main. Il salua.

« Pardon, excuse, messieurs, mesdames.

LE BARON.

Que voulez-vous, mon cher?

L'HOMME.

Je viens faire des excuses à monsieur le baron pour..., pour... l'inconvenance dont je me suis rendu coupable l'autre jour.

LE BARON.

Comment? Quelle inconvenance, mon cher? Je ne vous ai jamais vu.

L'HOMME.

Ça, c'est la vérité, monsieur le baron; mais tout de même je vous ai gravement offensé; c'est que, voyez-vous, monsieur le baron, je n'avais pas tout à fait ma tête; j'avais bu un coup de fil en quatre, et..., et... je ne savais trop ce que je faisais quand j'ai corrigé votre petite demoiselle.

LE BARON, *indigné.*

Corrigé ma fille? Quand donc? Comment auriez-vous osé...? C'est impossible. Vous ne savez ce que vous dites, mon cher.

LE CHEMINEAU, *très humblement.*

Pardon, excuse, monsieur le baron; si votre petite demoiselle n'a pas porté plainte, c'est une grande bonté de sa part. Je suis un bon homme, très affectionné aux enfants, mais, comme j'ai dit, j'avais du fil en quatre dans la tête, et, quand la jeune demoiselle m'a débité un tas d'injures et m'a craché en plein visage, j'ai dit : « C'est un « enfant mal éduqué, ça : il faut la corriger ». Et j'ai fait comme j'aurais fait pour ma propre fille, je vous le jure, monsieur le baron, sans aucune méchanceté; j'ai pris une baguette de la main droite, l'enfant de la main gauche, et je l'ai corrigée comme je l'aurais fait de ma fille, monsieur le baron, croyez-le bien.... Ça m'est resté dans la tête. Quand j'ai eu repris mon bon sens, j'ai compris que j'étais un animal, que j'avais fait une grosse sottise. Je me suis informé du château; on m'a indiqué le vôtre, monsieur le baron, et que c'était sans doute votre demoiselle que j'avais corrigée. Et je suis venu le plus tôt que j'ai pu pour vous faire mes excuses, ainsi qu'à Mme la baronne. Voilà l'histoire en toute vérité, monsieur le baron. »

Le baron et la baronne étaient atterrés; Mme d'Orvillet était fort embarrassée de se trouver témoin d'une pareille découverte. Les enfants, qui avaient tout entendu, étaient non moins étonnés. Félicie était au supplice; Cunégonde était furieuse; Clodoald était profondément humilié; Laurent et Anne étaient effrayés.

Personne ne parlait. Le chemineau allait se retirer, fort content de n'avoir reçu aucun reproche pour son *inconvenance,* comme il l'appelait, lorsque M. de Castelsot, rouge de colère, se leva, et montrant le poing au chemineau :

« Misérable, canaille, lui dit-il, tu mens; tu n'as pas touché à ma fille; tu n'aurais jamais osé. Un gueux comme toi porter la main sur la fille du baron de Castelsot! c'est impossible

LE CHEMINEAU.

Pardon, monsieur le baron, c'est possible, puisque je l'ai fait. J'ai eu tort, je ne dis pas non, mais j'en ai fait l'aveu à monsieur le baron; j'avais bu un coup, et tout le monde sait que lorsqu'un homme a bu, il ne faut pas lui en vouloir comme s'il avait tout son bon sens. Je ne suis pas un misérable ni une canaille; je suis un bonhomme, affectionné aux enfants, et si monsieur veut bien me laisser voir la petite demoiselle, je lui renouvellerai mes excuses en toute humilité.

LE BARON.

Mauvais drôle! Oui, je ferai venir ma fille pour te confondre, pour prouver que tu es un gredin, un vaurien, un coquin, un menteur!.... Cunégonde, cria-t-il en s'approchant de la fenêtre de la salle à manger, viens vite; j'ai besoin de toi. »

Cunégonde accourut à l'appel de son père,

« Pardon, monsieur le baron. »

le visage enflammé de colère, le regard courroucé.

CUNÉGONDE.

J'ai tout entendu, mon père : cet homme est un menteur effronté ; je ne l'ai jamais vu, je ne lui ai jamais parlé, et s'il avait osé me toucher, je l'aurais fait saisir par la gendarmerie et nous l'aurions fait condamner aux galères. »

Le chemineau l'avait examinée avec la plus grande surprise, et il avait en effet reconnu que Cunégonde n'était pas la petite fille qu'il avait rencontrée et *corrigée*.

LE CHEMINEAU.

Bien des pardons, mam'selle. En effet, vous avez raison, malgré que je n'aie pas tort. Ce n'est pas vous que j'ai rencontrée et corrigée. On m'a trompé ; je suis bonhomme et j'en conviens. Retirez donc vos injures, monsieur et mademoiselle, comme je retire mes excuses. Bien le bonsoir la compagnie. Je n'y ai pas eu d'agrément, quoique j'aie fait pour le mieux. Je ne vous ai pas donné d'agrément non plus, faut être juste. Ça se comprend ; un bonhomme de chemineau qui corrige une demoiselle, les gendarmes n'ont rien à y voir, et on ne condamne pas aux galères un homme qui a commis une inconvenance. Mais c'est tout de même drôle. »

Et, tournant le dos, il se retira précipitamment pour éviter une nouvelle fureur de M. le baron et de Mlle la baronne.

Le baron resta fort ému ; la baronne, droite et silencieuse, retenait sa colère à cause de la présence de Mme d'Orvillet, qui ne savait trop si elle devait parler ou garder le silence. Elle essaya enfin quelques paroles consolantes pour remettre le calme dans les esprits.

« L'excuse de cet homme, dit-elle, est dans son ivresse; il s'est figuré avoir commis la faute dont il est venu s'accuser; et, au total, il m'a l'air d'un bon homme. Il a cru bien faire en faisant cet acte d'humilité.

LE BARON, *colère*.

C'est un gredin, et, s'il ose jamais se présenter chez moi, je ferai lâcher mes trente chiens sur lui.

MADAME D'ORVILLET.

Vos trente chiens mettraient le pauvre homme en pièces, et vous vous feriez une mauvaise affaire.

LE BARON, *avec surprise*.

Avec qui donc une affaire?

MADAME D'ORVILLET, *sèchement*.

Avec le procureur impérial.

LE BARON, *avec dédain*.

Pour un manant de cette espèce?

MADAME D'ORVILLET, *sévèrement*.

Ce manant est un homme, monsieur, un homme comme vous.

LE BARON.

Comme moi? Ah! ah! ah! Comme moi?

MADAME D'ORVILLET, *de même*.

Oui, monsieur, comme vous, avec la différence que vous êtes riche, qu'il est pauvre; que vous êtes fier de la position que vous a donnée le bon Dieu;

qu'il est humble et modeste; qu'il vient vous faire des excuses parce qu'il croit vous avoir manqué; qu'il reçoit vos injures sans vous les rendre, et que....

LE BARON, *indigné.*

J'aurais bien voulu voir qu'il eût osé me répondre sur le même ton!

MADAME D'ORVILLET.

Qu'auriez-vous fait?

LE BARON, *hésitant et se calmant.*

Je l'aurais..., je l'aurais.... Ma foi, je ne l'aurais pas touché, parce qu'il est quatre fois fort comme moi, mais j'aurais appelé mes gens pour lui donner une raclée.

MADAME D'ORVILLET.

Que vous auriez chèrement payée, car là encore vous vous faisiez une mauvaise affaire.

LE BARON.

Allons, allons, comtesse, vous voyez des affaires partout.

MADAME D'ORVILLET.

Je les vois là où elles sont, monsieur. En France, la loi protège tout le monde; il n'est pas permis de maltraiter un homme sans en être puni par la loi. »

Cunégonde était rentrée dans la salle à manger.

CUNÉGONDE.

Je savais bien que ce paysan mentait; il a été obligé d'avouer son mensonge. C'est un coquin que cet homme.

LAURENT.

Pourquoi coquin? Il n'y a rien de coquin dans ce qu'il a dit.

CUNÉGONDE.

Comment, un misérable qui ose inventer une chose aussi abominable?

LAURENT.

Le pauvre homme était ivre, il l'a dit lui-même; il a rêvé, et en se réveillant il a cru que le rêve était vrai. Voilà tout.

CLODOALD.

Mais aujourd'hui il n'est pas ivre; pourquoi est-il venu raconter ce tas de mensonges?

LAURENT.

Parce que c'est un brave homme; il se repentait d'avoir battu votre sœur, et il a cru bien faire de venir en demander pardon.

ANNE.

C'est très bien ce qu'il a fait.

CLODOALD.

Vous trouvez, mademoiselle? C'est bien désagréable pour nous.

ANNE.

Pourquoi désagréable?

CLODOALD.

Parce qu'il va répéter partout qu'il a battu ma sœur, et qu'un baron de Castelsot ne peut supporter une pareille injure.

LAURENT.

Et que ferez-vous alors?

CLODOALD, *avec dignité.*

Je ne ferai rien, monsieur.

LAURENT, *riant.*

Alors ce n'est pas la peine de tant crier.

Clodoald et Cunégonde jetèrent sur Laurent et sur Anne un regard de mépris et se retournèrent vers Félicie.

CLODOALD.

Vous, mademoiselle, qui n'avez rien dit encore, vous pensez comme nous, j'en suis bien sûr.

— Tout à fait, monsieur Clodoald », répondit Félicie, qui avait fini par se remettre de l'émotion que lui avait causée cette scène.

C'est ainsi que se termina l'aventure du chemineau, dont personne ne dit mot tant qu'on fut chez les Castelsot.

Mais, pendant la promenade de retour, Laurent et Anne en parlèrent beaucoup.

V

LE CHEMINEAU ET L'OURS

« Maman, ne trouvez-vous pas, dit Laurent, que ce pauvre chemineau est très bon, très honnête? Moi je l'aime beaucoup.

MADAME D'ORVILLET, *souriant.*

Ce qu'il a fait en venant faire des excuses est certainement d'un brave homme, mais c'est un peu bête.

LAURENT.

Pourquoi cela, maman?

MADAME D'ORVILLET.

Parce qu'il devait penser que c'était honteux pour la petite Castelsot d'avoir été frappée par un chemineau, et surtout d'avoir, par ses grossièretés, mis cet homme en colère à ce point.

LAURENT.

Mais je trouve, maman, que puisqu'il a eu tort, il a bien fait de demander pardon.

MADAME D'ORVILLET.

Il aurait très bien fait s'il avait pu réparer le mal qu'il avait fait; mais à quoi pouvaient servir ses excuses? A rien, qu'à humilier les parents et la petite fille en faisant connaître cette ridicule histoire. C'est si vrai que, sans lui, nous n'en aurions jamais entendu parler, non plus que M. et Mme de Castelsot. Et toi, Félicie, qui ne dis rien, que penses-tu de ce pauvre homme?

FÉLICIE.

Moi, je trouve que c'est un abominable homme qu'on devrait enfermer.

MADAME D'ORVILLET.

Ah! mon Dieu! comme tu es sévère! Comme tu prends vivement parti pour les Castelsot!

FÉLICIE.

C'est parce que je les aime et que je comprends combien c'est désagréable pour Cunégonde.

LAURENT

Ta Cunégonde aurait joliment mérité que l'histoire lui fût réellement arrivée. J'aurais été très content de voir son orgueil puni. »

Un cri de Félicie interrompit Laurent. Chacun se retourna de son côté; elle s'était arrêtée, le visage bouleversé, les mains jointes, les yeux fixés sur un objet à demi étendu le long du bois qui bordait la route.

A ce cri, l'objet qui effrayait tant Félicie se redressa lentement, et on reconnut le chemineau qui les occupait tant depuis une heure. Il se leva tout à fait, regardant avec surprise et une espèce de terreur Félicie, restée immobile au milieu du chemin.

Elle vit qu'il la reconnaissait. Pour la première fois de sa vie, son orgueil plia devant la peur; elle le regarda d'un air suppliant, les mains toujours jointes.

Le chemineau, qui avait compris la faute qu'il avait faite au château de Castelsot et qui était bonhomme, comme il le disait, lui adressa un sourire d'intelligence, et s'approchant de Mme d'Orvillet :

« Je demande bien pardon à madame de ce qui s'est passé au château de M. le baron; je croyais bien faire et j'ai fait une sottise, paraîtrait-il. Au fait, j'aurais dû comprendre que c'était l'idée d'un homme pris de vin, et que tout ça n'était qu'un rêve.

MADAME D'ORVILLET.

Je ne vous en veux pas, mon ami; vous ne m'avez manqué en rien. Merci de votre bonne intention et bonsoir.

LE CHEMINEAU.

Pardon, excuse, madame, si je vous demande la permission de vous accompagner jusque chez vous. Vous êtes seule avec des enfants, ce n'est peut-être pas prudent.

MADAME D'ORVILLET.

Merci, mon ami; nous avons l'habitude de nous promener dans ces bois, et nous n'y courons aucun danger.

LE CHEMINEAU.

Madame ne sait donc pas que depuis hier soir il y a un ours échappé d'une ménagerie, qui court les bois ; on l'a vu par ici ce matin, et je m'étais mis en observation pour le ravoir ; il y a cinquante francs de récompense pour celui qui en débarrassera le pays, et cent francs pour le ramener vivant.

MADAME D'ORVILLET, *effrayée*.

Je n'en savais rien ; je vous remercie de m'en avertir, et j'accepte volontiers votre compagnie. Mais vous n'avez aucune arme pour vous défendre.

LE CHEMINEAU.

Pardon, madame, j'ai mon gourdin et tout ce qu'il me faut dans ma poche. »

Les enfants, effrayés, se serrèrent contre leur mère.

LAURENT.

Courons vite, maman, nous sommes encore loin.

LE CHEMINEAU.

Restez tout près de votre maman, monsieur et mesdemoiselles. Je marcherai derrière vous. Comme ça, il n'y aura pas de danger. »

Ils se remirent en route, n'osant plus parler, regardant à droite et à gauche, s'attendant sans cesse à voir sortir l'ours de derrière un buisson.

Leur attente ne fut pas longue ; au détour d'un sentier, ils se trouvèrent en face de l'animal féroce ; tout le monde s'arrêta ; l'ours poussa un rugissement et se dressa sur ses pattes de derrière. Le chemineau s'élança entre lui et Mme d'Orvillet.

« N'avancez pas! cria-t-il. Laissez-moi faire. »

L'ours resta un instant indécis; prenant son parti, pressé par la faim, il fit un pas vers le chemineau, qui lui assena un coup de massue sur la tête; l'ours chancela un instant, reprit son aplomb, ouvrit son énorme gueule; mais, avant qu'il eût allongé les pattes de devant pour saisir le chemineau, celui-ci lui enfonça dans la gueule ouverte un petit pieu en bois très dur, pointu par les deux bouts.

L'ours voulut refermer la gueule pour dévorer le bras du chemineau, mais les pointes du pieu s'enfoncèrent dans la langue et dans le palais. Plus l'ours faisait d'efforts pour refermer la gueule, plus les pointes s'enfonçaient dans les chairs.

Sans perdre un instant, profitant du mouvement des pattes de devant que l'ours avait ramenées à la gueule, pour se débarrasser du pieu, le chemineau lui lança un nœud coulant qui, étranglant à moitié l'animal, lui fit perdre la respiration, lui ôta ses forces, et il roula par terre.

Le chemineau ne lâcha pas la corde; les mouvements de l'ours serraient de plus en plus le nœud coulant; le chemineau, pendant ce temps, ne cessait de l'assommer avec son gourdin, se gardant bien de frapper sur la tête, pour l'avoir vivant et gagner ainsi les cent francs promis.

Mme d'Orvillet et les enfants, terrifiés, regardaient avec anxiété le combat de l'ours contre le chemineau, qui recevait de temps à autre un coup des griffes terribles de l'animal. Enfin, les mouvements convulsifs cessèrent; il resta étendu, râlant, presque étranglé, la gueule en sang. Le combat était fini, le chemineau restait vainqueur; il lâcha un peu le nœud coulant, tira de sa poche une chaîne, la roula autour du cou de l'animal, fixa à un des chaînons le crochet qui était à un des bouts de la chaîne, et fixa l'autre bout à l'anneau de son gourdin, préparé exprès pour la circonstance, retira de dedans sa ceinture une petite barre de fer pointue, et, lâchant tout à fait le nœud coulant, laissa l'ours respirer librement, mais sans lui enlever le pieu qui maintenait la gueule ouverte.

LE CHEMINEAU.

Bon! te voilà pris, mon garçon, et prêt à rentrer en cage. Je t'ai soigné, je t'ai donné de l'air; il n'y a que le bâillon qui te gêne, mais tu le garderas jusqu'à ce que je t'aie ramené à la ville. A mon tour, maintenant.... Gredin d'ours, m'a-t-il arrangé les jambes; de la hanche au talon il a laissé ses marques partout. Heureusement qu'il a les griffes coupées. S'il les avait eues, il m'aurait enlevé la peau du haut en bas.

MADAME D'ORVILLET.

Mon pauvre homme, vous perdez tout votre sang; laissez-moi vous bander cette blessure à la jambe; le sang coule en abondance.

LE CHEMINEAU.

Que madame s'abaisse jusqu'à me bander la jambe! je ne souffrirai pas cela.

L'ours voulut refermer la gueule. (Page 53.)

MADAME D'ORVILLET.

C'est bien le moins, mon ami, que je vous témoigne ma reconnaissance pour nous avoir sauvés, mes enfants et moi. Laissez-moi faire. Je vous assure que vous avez besoin d'être soigné. »

Sans attendre sa réponse, Mme d'Orvillet tira son mouchoir, le déchira en deux, et, malgré l'opposition du pauvre chemineau, elle lui tamponna et lui banda la jambe pour arrêter l'écoulement du sang; une autre blessure au genou saignait aussi beaucoup; Mme d'Orvillet n'avait plus de mouchoir.

« Voici le mien, maman, dit Laurent en le présentant à sa mère.

— Et le mien aussi », dit Anne en faisant comme son frère.

Mme d'Orvillet les approuva d'un sourire, fit, comme pour la première blessure, un tampon du petit mouchoir de Laurent, et la lui banda avec celui d'Anne.

« Écoutez, mon ami, lui dit-elle, vous n'êtes pas en état de marcher jusqu'à la ville. Restez ici; nous allons nous dépêcher de rentrer; je vous enverrai une carriole; vous y monterez avec votre ours, et on vous mènera où vous voudrez.

LE CHEMINEAU.

Bien des remerciements, ma bonne chère dame; je crois, en effet, que je n'irai pas loin.... Allons, Martin, sois sage, ne bouge pas, et tu iras en voiture retrouver ton maître, qui va te donner des coups de trique pour t'apprendre à courir les bois.

Je t'en ai donné une bonne dose, mais cela ne comptera pas ; nous n'en dirons rien au maître. »

Mme d'Orvillet sourit, donna une poignée de main au bon chemineau, et s'éloigna en disant :

« Je vous enverrai la voiture aussitôt que je serai arrivée ; ce n'est pas loin ; nous en avons pour dix minutes. »

Le chemineau remercia encore, salua et s'assit près de son ennemi, ne quittant pas le gourdin ni sa baguette en fer.

« Ne bouge pas ; au premier mouvement que tu fais, je t'assomme avec ma baguette et je te pique avec la pointe. »

L'ours semblait avoir compris ; les reins brisés par le gourdin, la gueule ensanglantée par le pieu, il resta étendu, grognant douloureusement, mais ne cherchant pas à se relever.

Une demi-heure après, la carriole était arrivée ; on eut de la peine à y faire entrer l'ours ; le chemineau se plaça derrière lui, pour le tenir en respect, disait-il. Mme d'Orvillet lui avait envoyé une bouteille de bon vieux vin, qui lui fit grand bien, et un paquet de linge pour panser ses blessures. Elle avait recommandé qu'on le menât chez un médecin, et qu'ensuite on le ramenât jusque chez lui.

L'ours fut rendu au maître, qui le débarrassa de son bâillon, le roua de coups et le renferma dans sa cage avec du pain et de l'eau pour toute nourriture.

Le chemineau reçut les cent francs promis, fut

visité et pansé par le médecin et ramené chez lui; le charretier lui fit accepter le paquet de linge et une bourse contenant cinquante francs.

Le chemineau bénit Dieu de sa journée; sa femme pleura de joie; ses enfants pleurèrent de lui voir du sang; le calme se rétablit; le chemineau raconta ses aventures, sauf la rencontre de la petite demoiselle battue, et ils passèrent une heureuse nuit.

VI

RÉCIT DES ENFANTS A LEUR BONNE

Quand les enfants furent rentrés, Laurent et Anne coururent chez leur bonne.

LAURENT.

Ma bonne, ma bonne, tu ne sais pas? Un ours énorme a voulu nous manger dans le bois.

ANNE.

Et un bonhomme excellent a fouetté Cunégonde et a tué l'ours.

LA BONNE, *riant*.

Comment? Qu'est-ce que vous dites donc? Un ours dans nos bois? un bonhomme qui a fouetté Cunégonde? Qui a tué l'ours? C'est impossible, mes enfants.

LAURENT.

Je t'assure, ma bonne; c'est très vrai! Demande à maman; un ours énorme et enragé.

ANNE.

Je t'assure, ma bonne. Il a fouetté Cunégonde! Elle était dans une colère terrible.

LA BONNE, *riant*.

L'ours a fouetté Cunégonde? Il a bien fait! Il ne fallait pas le tuer pour cela.

ANNE.

Mais non; c'est le bonhomme.

LAURENT.

Mais non, Anne, il ne l'a pas fouettée.

ANNE.

Je te dis que si. Je l'ai bien entendu.

LAURENT.

Maman a dit qu'il avait rêvé. Et il a voulu nous manger; et le bonhomme....

LA BONNE, *riant plus fort*.

Le bonhomme a voulu vous manger?

LAURENT.

Mais non, ma bonne; tu ne comprends pas. C'est l'ours.

LA BONNE.

Mais où était l'ours?

LAURENT.

Dans le bois. Et le bonhomme l'a piqué, l'a battu, l'a attaché avec des cordes. Et puis il est tombé.

LA BONNE.

Qui? le bonhomme?

Laurent et Anne coururent chez leur bonne. (Page 61.)

LAURENT.

Mais non; l'ours. Et le bonhomme avait du sang plein les jambes; et je n'ai plus de mouchoir; j'en voudrais un pour me moucher, parce que j'ai pleuré. Et Anne aussi, et maman aussi.

LA BONNE.

Tout le monde a donc pleuré? Je ne comprends pas un mot de votre histoire. Vous avez rêvé tout cela, mes enfants.

LAURENT.

Je te dis que non; tu ris parce qu'un méchant ours a voulu nous manger? C'est très vilain à toi.

LA BONNE.

Mon pauvre petit, si un ours avait voulu vous manger, j'en serais très effrayée; mais il n'y a pas d'ours dans ce pays-ci.

LAURENT.

Demande à maman : tu verras que c'est vrai. Donne-moi un mouchoir, mon nez coule.

ANNE.

Et moi aussi, mon nez coule. »

La bonne leur donna à chacun un mouchoir; elle ne riait plus; elle commençait à comprendre qu'ils avaient couru un danger quelconque; elle pensa que les enfants avaient pris un gros chien pour un ours, et continua à les interroger.

LA BONNE.

Voyons, mon petit Laurent, dis-moi d'abord où était cet ours.

LAURENT.

Il était dans le bois, au bord du chemin, et il a crié très fort.

LA BONNE.

Et qui était ce bonhomme qui a tué l'ours?

ANNE.

C'est celui qui est venu demander pardon parce qu'il avait fouetté Cunégonde.

LA BONNE.

Et pourquoi l'a-t-il fouettée?

ANNE.

Parce qu'elle lui a dit des sottises, qu'elle lui a craché à la figure. Le bonhomme s'est fâché, et il l'a fouettée avec une baguette.

LAURENT.

Il a dit qu'il était ivre et qu'il demandait bien pardon. Et Cunégonde a dit que ce n'était pas vrai; et le bonhomme a dit aussi que ce n'était pas vrai, qu'il ne la connaissait pas; et il est parti; et nous l'avons trouvé assis dans le bois; et il attendait un ours; et il a demandé pardon à maman; et il a dit à maman qu'il voulait venir avec nous pour tuer l'ours qui s'est échappé, et qu'on lui donnerait cent francs. Et l'ours est venu, et nous avons eu bien peur. Et le bonhomme a enfoncé un piquet dans la bouche de l'ours; et puis il lui a serré le cou avec une corde, et l'ours est tombé. Et le bonhomme lui a attaché une grosse chaîne et un bâton; et il lui a ôté la corde.

ANNE.

Et tu ne dis pas que le pauvre homme avait du sang.

####### LAURENT.

Attends donc, je n'ai pas fini. Et le pauvre bonhomme avait beaucoup de sang qui coulait. Et maman a déchiré son mouchoir; elle lui a attaché la jambe; et puis il y avait des trous au genou, et maman n'avait plus de mouchoir, et j'ai donné le mien..

####### ANNE.

Et moi aussi, j'ai donné le mien.

####### LAURENT.

Attends donc, tu m'empêches de parler.

####### ANNE.

Tu dis trop lentement.

####### LAURENT.

Je dis aussi vite que je peux. Et Anne a donné le sien; et maman a attaché le genou. Et le bonhomme a remercié maman.

####### ANNE.

Et maman aussi a remercié le bonhomme.

####### LAURENT.

Mais laisse-moi donc parler; tu m'interromps toujours.

####### ANNE.

C'est que tu ne dis pas tout, je veux raconter aussi, moi.

####### LAURENT.

Eh bien, raconte, alors.... Voyons,... raconte.

####### ANNE.

Tu n'as pas dit que Félicie n'a pas donné son mouchoir; nous pleurions, elle ne pleurait pas; elle n'a pas dit merci au pauvre homme.

LAURENT.

Mais maman a dit merci pour nous; et maman lui a dit qu'il reste bien tranquille avec l'ours; qu'elle lui enverrait la carriole.

ANNE.

Et quand nous sommes revenus à la maison, maman est allée dire à Saint-Jean qu'il attèle bien vite la carriole et qu'il ramène le bonhomme avec son ours.

LA BONNE, *les embrassant.*

Mes pauvres petits, je comprends à présent que, sans ce brave homme, vous eussiez été peut-être dévorés par ce méchant ours. Je remercie le bon Dieu de vous avoir fait rencontrer cet excellent homme et de vous avoir sauvés d'un si grand danger.

LAURENT ET ANNE, *l'embrassant.*

Ne pleure pas, ma bonne, ne pleure pas, tu vois que nous sommes bien portants; nous n'avons pas de sang comme le pauvre homme. »

La bonne les embrassa encore à plusieurs reprises.

Mme d'Orvillet entra en ce moment.

« Je vois, ma bonne Valérie, que les enfants vous ont raconté notre terrible aventure. Je viens vous demander du linge pour les blessures du bon chemineau qui nous a sauvés; ma femme de chambre est sortie, c'est pressé. Faites-en un bon paquet, et ajoutez-y une bouteille de notre vieux vin de Saint-Georges; le pauvre homme a perdu beaucoup de sang, ce vin lui redonnera des forces.

LA BONNE.

J'y vais, madame, et, si madame veut bien le permettre, j'y ajouterai quelque argent. Cet homme est pauvre, sans doute.

MADAME D'ORVILLET.

C'est ce que j'ai pensé, Valérie ; voici cinquante francs dans cette bourse, que le charretier lui remettra quand il l'aura ramené chez lui. »

La bonne courut exécuter les ordres de Mme d'Orvillet.

MADAME D'ORVILLET.

Félicie n'est pas avec vous? Où est-elle donc?

LAURENT.

Je ne sais pas, maman ; elle n'est pas venue ici.

MADAME D'ORVILLET.

Elle est sans doute dans ma chambre. »

Mme d'Orvillet sortit suivie des enfants. Elle trouva effectivement Félicie assise dans un fauteuil.

MADAME D'ORVILLET.

Que fais-tu là toute seule, Félicie?

FÉLICIE.

Je me repose, maman.

LAURENT.

Pourquoi n'es-tu pas venue chez ma bonne avec nous?

FÉLICIE.

Je n'avais pas besoin de ma bonne ; je n'avais rien à lui demander.

LAURENT.

Mais tu nous aurais aidés à raconter notre histoire. D'abord elle ne comprenait rien ; elle riait parce qu'elle croyait que l'ours avait fouetté Cunégonde....

FÉLICIE.

Comme c'est bête !

LAURENT.

Ce n'est pas bête du tout ; nous racontions mal. Elle croyait ensuite que nous avions rêvé, comme le bonhomme qui a rêvé qu'il a fouetté Cunégonde.

FÉLICIE.

Il n'a pas dit fouetté, il a dit battu.

LAURENT.

C'est la même chose, battue ou fouettée.

FÉLICIE.

Non, ce n'est pas la même chose.

LAURENT.

Ah bah !... C'est égal, tu aurais dû venir chez ma pauvre bonne, qui nous aime tant. N'est-ce pas, maman ?

MADAME D'ORVILLET.

Certainement, mon cher petit ; si Félicie aimait sa bonne comme elle devrait l'aimer, elle aurait senti comme vous le besoin de lui raconter le danger qu'elle a couru, et la reconnaissance qu'elle devrait avoir pour ce bon chemineau.

FÉLICIE.

Je ne dois rien, moi, à cet homme ; il a voulu prendre l'ours pour gagner cent francs, et pas du tout pour me sauver.

MADAME D'ORVILLET.

Ce que tu dis là est très mal. Ce pauvre homme

a pris la peine de nous avertir et de nous accompagner ; et, sans lui, l'ours se serait jeté sur nous et nous aurait peut-être dévorés.

FÉLICIE.

Il nous a accompagnés pour avoir les cent francs. Ces paysans ne pensent qu'à gagner de l'argent.

LAURENT.

Tu es une ingrate ; ce pauvre homme ne pensait qu'à nous rendre service.

FÉLICIE.

Laisse-moi donc tranquille ; je déteste cet homme grossier qui fait semblant d'être bonhomme.

LAURENT.

Il ne fait pas semblant ; il est très bon, et nous irons demain savoir de ses nouvelles.

FÉLICIE.

Ah ! par exemple ! c'est trop fort ! Aller savoir des nouvelles d'un chemineau, et d'un méchant chemineau comme celui-là !

MADAME D'ORVILLET.

Félicie, je te prie de te taire ; tu dis autant de sottises que de paroles. Tu as un orgueil qui me fait une vraie peine ; nous irons demain savoir des nouvelles de ce bon chemineau, et je veux que tu viennes avec nous.

FÉLICIE.

Oh ! maman, je vous en prie, laissez-moi à la maison. J'ai peur de ce vilain homme ; je suis sûre qu'il nous fera du mal.

LAURENT.

Tu as donc peur qu'il ne te fouette tout de bon, comme dans son rêve? »

Félicie devint rouge comme une cerise. Elle n'osa plus dire un mot, et sa mère lui répéta l'ordre de l'accompagner le lendemain dans sa visite.

VII

MYSTÈRE DÉVOILÉ ET RENCONTRE IMPRÉVUE

Le lendemain, en effet, on s'apprêtait à partir; Félicie, désolée, avait encore supplié sa mère de la laisser à la maison; Mme d'Orvillet, qui pensait que c'était l'orgueil qui poussait Félicie à refuser sa visite à un pauvre chemineau, ne voulut pas céder à ce mauvais sentiment et lui ordonna de se taire et d'aller mettre son chapeau.

La bonne entra chez Mme d'Orvillet quelques instants après

LA BONNE.

Si madame savait dans quel état est Félicie; elle pleure et se désole; je crois que madame ferait aussi bien de ne pas la forcer d'aller chez ce chemineau.

MADAME D'ORVILLET.

Non, Valérie, je ne veux pas lui céder dans cette occasion; son orgueil augmente avec l'âge, et surtout depuis que nous avons ces Castelsot pour voisins; je veux le rompre quand il est temps encore.

LA BONNE.

Mais madame ne sait pas tout. J'ai appris hier une chose que je crois devoir faire connaître à madame, et qui lui fera excuser la répugnance de Félicie à se retrouver en face de cet homme.

MADAME D'ORVILLET.

Quoi donc? Qu'est-ce que c'est?

LA BONNE.

C'est que l'histoire de la petite demoiselle battue est bien vraie; seulement, il s'est trompé de château; au lieu de la petite Castelsot, c'est Félicie qui a reçu la correction.

MADAME D'ORVILLET, *stupéfaite*.

Félicie! Mais c'est impossible! Elle ne sort jamais seule! D'ailleurs elle s'en serait plainte.

LA BONNE.

Son amour-propre l'aura empêchée d'en parler. Madame va voir ce qui est arrivé. »

La bonne raconta alors tout ce qui s'était passé chez les Germain et comment elle avait trouvé Félicie en larmes assise à l'entrée de l'avenue.

« J'ai cru d'abord qu'elle pleurait de contrariété de n'avoir pas été obéie quand elle a voulu nous forcer à partir de chez les Germain; mais j'ai observé qu'elle souffrait en marchant, en remuant les bras; le lendemain, en lui lavant le cou et les épaules, j'ai vu qu'elle avait des bleus partout; elle m'a dit qu'elle était tombée sur des pierres; mais je trouvais singulier qu'une chute eût amené de pareilles contusions. Quand les enfants m'ont raconté hier l'histoire du chemineau et de son prétendu rêve, tout cela m'est revenu, et j'ai été parler à Germain dans l'après-midi. Comme il l'avait suivie, il devait savoir ce qui lui était arrivé. Il m'a semblé embarrassé; j'ai vu qu'il y avait quelque chose qu'il me cachait. Je l'ai pressé de questions. Alors il m'a avoué qu'il avait entendu crier; qu'il avait rencontré le chemineau à moitié ivre, qui lui raconta qu'il avait corrigé une petite demoiselle impertinente, toute l'histoire que madame l'a entendu redire chez les Castelsot.... Germain n'avait pas voulu en parler, de peur d'humilier Félicie. Mais madame comprend que c'est en effet pénible pour Félicie de se trouver en présence de cet homme qui l'a battue; elle doit craindre qu'il ne dise quelque chose qui la fasse reconnaître. »

Mme d'Orvillet était désolée du récit de la bonne. Elle resta quelque temps sans parler; enfin, elle dit avec une vive émotion :

« Mon Dieu! quelle affaire elle s'est attirée par ses insolences! C'est affreux pour elle; et je conçois, en effet, sa répugnance à se retrouver en la présence de ce malheureux homme, qu'on ne peut pourtant pas trop accuser, puisqu'il était ivre. Mais comment ne m'en a-t-elle pas parlé? Si je l'avais su, j'aurais agi tout autrement. Et puis nous l'aurions soignée, car elle a dû beaucoup souffrir.

LA BONNE.

Elle n'en a rien dit, non plus que moi, car elle savait bien qu'elle serait grondée pour s'être sauvée seule, malgré moi. Quant à la soigner, madame, je l'ai fait sans en parler à personne. Je lui ai mis de l'huile de mille-pertuis, et dès le lendemain elle ne souffrait presque plus. »

Mme d'Orvillet réfléchit quelques instants.

« Je vais aller seule chez ce pauvre homme; je lui dois cette visite à cause du grand service qu'il nous a rendu. J'espère qu'il ne me parlera pas de Félicie. Il doit l'avoir reconnue; j'ai bien remarqué qu'il l'avait beaucoup regardée, et avec surprise, avant de s'approcher de moi. Il aura probablement eu la délicatesse de ne rien dire qui pût l'humilier. Ce pauvre chemineau me paraît être bon homme, et j'espère qu'il a compris que, dans de pareilles aventures, il vaut mieux se taire que parler.... Envoyez-moi les enfants, Valérie; je veux leur annoncer que je ne les emmène pas, et qu'ils sortiront avec vous. »

Cinq minutes après, les enfants arrivaient chez Mme d'Orvillet.

« Mes chers enfants, leur dit-elle, j'ai pensé que vous pourriez gêner le pauvre blessé, qui est sans doute misérablement logé et qui ne pourrait pas seulement faire asseoir tant de monde; ainsi, je vais y aller seule; je vous laisse avec votre bonne. »

Laurent et Anne ne parurent pas mécontents de ce changement de projet. Félicie en fut enchantée. Mme d'Orvillet se fit accompagner par Saint-Jean, qui connaissait la demeure du chemineau; les enfants s'amusèrent à planter des fleurs et des arbustes dans leur petit jardin.

Félicie donnait des ordres; Laurent et Anne les exécutaient, aidés de leur bonne, qui faisait le gros de l'ouvrage. Félicie trouvait au-dessous d'elle de toucher à une bêche, à un arrosoir; tout au plus consentait-elle à tenir les fleurs et les arbustes pendant qu'on les plantait.

Un instant seulement elle s'abaissa jusqu'à planter elle-même un pied de reines-marguerites qu'elle s'était réservé pour son jardin particulier. Pendant qu'elle enterrait le pied de la fleur, elle entendit un éclat de rire à peu de distance; elle se retourna vivement et rougit beaucoup en reconnaissant Cunégonde et Clodoald.

CLODOALD, *ricanant*.

Comment, mademoiselle Félicie, vous travaillez à la terre? Vous n'avez donc pas de garçon jardinier pour faire ce travail de paysan? »

Avant que Félicie interdite eût trouvé une excuse à cette humble occupation, la bonne répondit :

« Nous ne sommes pas si fiers, mon petit monsieur; nous nous amusons à embellir notre jardin, sans déranger le jardinier de son ouvrage.

CLODOALD.

La fille de M. le comte d'Orvillet pourrait, ce me semble, avoir des occupations plus dignes de son rang.

LA BONNE.

Nous n'avons pas de ces sottes idées, monsieur Clodoald, et nous daignons nous amuser quand l'envie nous en prend. Allons, Félicie, achevez de planter votre belle reine-marguerite; nous avons assez à faire d'achever la plantation des nôtres.

FÉLICIE, *embarrassée*.

Ma bonne, je voudrais bien que Laurent et Anne le fissent pour moi. Je n'ai pas l'habitude de ces choses et je m'y prends mal. Pardon, monsieur Clodoald, de vous avoir laissé venir dans le jardin des enfants; je ne vous savais pas ici.

CLODOALD.

Nous venions savoir de vos nouvelles, mademoiselle; on nous avait dit qu'en retournant chez vous hier, vous aviez été attaqués par un ours échappé d'une ménagerie.

FÉLICIE.

Oui, c'est vrai, mais nous n'avons pas été blessés, heureusement.

CUNÉGONDE.

C'est bien heureux, en effet. Comment vous êtes-vous sauvés? C'est si fort un ours.

FÉLICIE.

Nous avons couru jusqu'à la maison.

LAURENT.

Pourquoi ne dis-tu pas que c'est le bon chemineau qui nous a sauvés?

CUNÉGONDE.

Quel chemineau?

LAURENT.

Celui qui est venu faire des excuses pour avoir battu Cunégonde.

« Comment, mademoiselle Félicie, vous travaillez à la terre? » (Page 77.)

CLODOALD.

Ce misérable menteur ? Je n'aurais jamais accepté le secours d'un pareil coquin.

LAURENT, *d'un air moqueur*.

Vous auriez mieux aimé que l'ours nous eût mangés ?

CLODOALD, *embarrassé*.

Certainement non. Mais il ne vous aurait pas touchés. C'est si poltron un ours !

LAURENT.

Vous ne diriez pas cela si vous aviez vu le combat du pauvre chemineau contre cet ours !

ANNE.

Le pauvre homme avait du sang plein les jambes.

CLODOALD.

C'est bien fait ; il n'a que ce qu'il mérite.

ANNE.

C'est méchant ce que vous dites.

LAURENT

Et que fallait-il faire au lieu d'accepter le chemineau pour nous défendre ?

LA BONNE, *riant*.

Il fallait faire un salut à l'ours et lui dire : Monsieur l'ours, nous sommes les enfants du comte d'Orvillet ; vous n'oserez pas nous toucher, bien certainement ; mangez ce chemineau qui n'est qu'un paysan et laissez-nous passer. »

Les enfants rient ; Félicie même ne peut s'empêcher de rire ; Clodoald paraît très vexé ; Cunégonde lance des regards flamboyants à la bonne.

« Venez, Félicie, dit-elle ; allons dans le parc.

LA BONNE.

Ne vous éloignez pas trop, Félicie.

LAURENT, *riant.*

Cunégonde, n'oubliez pas le rêve du pauvre chemineau. Si le rêve n'était pas un rêve, qu'est-ce que vous feriez?

CUNÉGONDE, *en colère.*

Je vous ferais fouetter par votre maman, pour vous punir de votre impertinence.

LAURENT.

Si le chemineau vous fouette tout de bon, appelez-nous.

LA BONNE.

Taisez-vous, mes enfants; il ne faut pas rire de ce qui est désagréable aux autres. Et cette histoire ne peut pas être agréable à Mlle Cunégonde. »

Félicie était au supplice; elle s'éloigna avec ses amis.

FÉLICIE.

Je déteste cet abominable chemineau.

CUNÉGONDE.

On devrait l'enfermer pour le punir de son invention.

CLODOALD.

Il faut que papa le fasse chasser du pays.

CUNÉGONDE.

Où est votre maman? Nous voudrions lui dire bonjour.

FÉLICIE.

Elle est allée faire une visite à ce misérable.

CUNÉGONDE.

Une visite? A un grossier paysan?

CLODOALD.

A un menteur, un insolent pareil? En voilà une idée!

FÉLICIE.

Et maman voulait nous y mener. Mais je n'ai pas voulu.

CLODOALD.

Vous avez bien fait. Moi, je me ferais tuer plutôt que de faire des politesses à des gens comme ce chemineau. Mais comment votre maman, la comtesse d'Orvillet, vous mène-t-elle chez tous 'les misérables du village?

FÉLICIE.

C'est que maman a des idées si bizarres sur les pauvres et les ouvriers; elle dit qu'ils valent souvent mieux que nous, qu'ils sont nos frères.

CLODOALD.

Nos frères? Ah! ah! ah! la drôle d'idée! Alors le chemineau est ton frère, Cunégonde. Il est votre frère, Félicie. Il sera l'oncle de nos enfants. Ah! ah! ah! je ne croyais pas que votre maman eût des idées si singulières.

CUNÉGONDE, *ricanant*.

Et moi, je ne pensais pas que Félicie eût une famille si peu convenable.

UNE GROSSE VOIX.

Savez-vous, mon petit monsieur (que je ne connais pas), que vous mériteriez une schlague soignée pour vous être permis de parler ainsi de Mme d'Orvillet devant sa fille; et que, si vous recommencez, vous aurez affaire à moi.

FÉLICIE.

Dieu! mon oncle! »

Clodoald s'était retourné; il vit un grand bel homme d'une quarantaine d'années et d'apparence distinguée. Ne sachant à qui il avait affaire, il comprima sa colère et répondit avec fierté :

« Monsieur, je ne sais pas qui vous êtes; moi, je suis le jeune baron de Castelsot, et je ne veux pas qu'on me parle comme à un chemineau.

LE MONSIEUR.

Allons, allons, petit, tais-toi et ne recommence pas. Tu veux savoir qui je suis, toi, baron (prétendu) de Castelsot (bien nommé). Je suis le général comte d'Alban, frère de Mme d'Orvillet, oncle de cette petite sotte de Félicie que voici. J'en ai rossé de plus forts et de plus sots peut-être que toi, mon garçon; ainsi gare à toi. Ne recommence pas, je te le répète. Et toi, Félicie, je te défends de parler de ta mère comme tu viens de le faire; tu sais que je ne mâche pas mes paroles, et je te dis que tu es une petite sotte, une orgueilleuse et vaniteuse. Où est ta mère? »

Félicie, interdite, n'osa pas répliquer à son oncle; elle répondit avec embarras :

« Elle est allée voir un pauvre, elle ne tardera pas à rentrer.

LE GÉNÉRAL.

C'est très bien. Je viens passer un mois avec

elle. Je veux voir Laurent et Anne; où les trouverai-je?

FÉLICIE.

Dans leur petit jardin, mon oncle; je vais vous y mener, si vous voulez.

LE GÉNÉRAL.

Non, je te remercie; je connais bien le jardin, je l'ai assez souvent bêché et pioché avec vous. Reste avec tes charmants amis. Monsieur le baron, ajouta-t-il en faisant un profond salut, j'ai l'honneur de vous saluer, ainsi que votre digne sœur, mademoiselle de Castelsot. »

Et il s'en alla en riant.

VIII

LE BON ONCLE D'ALBAN

Félicie, humiliée de l'algarade de son oncle, resta immobile. Clodoald et Cunégonde étaient d'autant plus irrités qu'ils n'avaient osé riposter à un homme d'un grade et d'un rang aussi élevés. Ils restèrent donc silencieux tous les trois jusqu'à ce que M. d'Alban se fût éloigné. Quand ils se crurent en sûreté, Clodoald dit à voix basse :

« Vous avez un oncle qui n'est pas agréable, mademoiselle Félicie.

FÉLICIE.

Chut ! S'il vous entendait, il nous ferait une scène terrible.

CUNÉGONDE, *bas*.

Ces militaires sont si grossiers ! Ils croient toujours parler à leurs soldats. Et si on leur répond, ils se croient insultés et ils se jettent sur vous comme des bouledogues.

FÉLICIE, *bas.*

Prenez garde; il est capable d'avoir fait un détour dans le bois et de nous suivre le long des broussailles.

CLODOALD, *à mi-voix.*

C'est agréable pour vous d'avoir cet oncle pendant un mois!

FÉLICIE.

Et quand il dit un mois, c'est plutôt deux ou trois. Il aime beaucoup maman, qui l'aime beaucoup aussi, et, comme il y a deux ou trois ans qu'il n'est venu à la campagne, il va vouloir rester le plus longtemps possible.

CUNÉGONDE.

Il y a trois ans que vous ne l'avez vu?

FÉLICIE.

Non, nous l'avons vu tous les hivers à Paris; mais il n'y est pas venu beaucoup, parce qu'il est obligé de rester en Afrique. »

Ils continuèrent à s'éloigner, et, pour plus grande sûreté, ils sortirent du bois et s'assirent sur un banc au milieu de la prairie.

FÉLICIE.

Ici nous sommes en sûreté; nous pouvons causer à notre aise au moins. »

Pendant qu'ils se vengeaient de l'oncle en se moquant de lui et en en disant tout le mal possible, M. d'Alban arrivait dans le petit jardin où les enfants continuaient à travailler avec ardeur. La bonne le vit venir; elle allait avertir les enfants, mais le général lui fit signe de se taire; il s'approcha doucement, et, saisissant Laurent et Anne dans ses bras, il les embrassa plusieurs fois avant qu'ils eussent pu revenir de leur surprise.

« Mon oncle Albert! mon cher oncle! » s'écrièrent ensemble les enfants.

Le général donna une poignée de main à la bonne.

« Bonjour, ma bonne Valérie, je suis content de vous retrouver près de ces chers enfants.

LA BONNE.

Bonjour, monsieur le comte, je suis bien heureuse de vous revoir, et ici surtout, car à Paris on ne vous voit qu'en passant.

LAURENT.

Mon oncle, moi aussi je suis bien content; vous resterez bien longtemps, n'est-ce pas?

ANNE.

Oh oui! mon oncle, restez très, très longtemps.

LE GÉNÉRAL.

Oui, oui, je resterai un mois.

LAURENT.

Un mois? Ce n'est pas assez; il faut rester tout l'été.

ANNE.

Ou plutôt cent ans.

LE GÉNÉRAL.

Ha! ha! ha! Tu n'y vas pas de main morte. Sais-tu compter?

ANNE.

Oui, mon oncle, je sais compter jusqu'à cent.

LE GÉNÉRAL.

Et sais-tu ce que c'est qu'un an?

ANNE.

Oh oui! mon oncle, puisque j'ai cinq ans. Un an, c'est beaucoup de jours; presque cent jours, je crois.

LAURENT.

Un an, c'est trois cent soixante-cinq jours; ainsi tu vois que tu as dit une bêtise à mon oncle.

ANNE.

Tu crois cela, toi? N'est-ce pas, mon oncle, que je n'ai pas dit une bêtise?

LE GÉNÉRAL.

Tu as voulu dire une chose très aimable, ma bonne petite, mais tu as dit une chose impossible. Cent ans, c'est si longtemps, si longtemps, que nous serions tous morts de vieillesse avant d'y arriver. Mais sois tranquille, je resterai le plus que je pourrai. Voyons, mes enfants, racontez-moi ce qui vous est arrivé depuis que je ne vous ai vus. »

Les enfants se mirent à lui raconter les événements les plus importants de leur vie, comme les premières fraises mûres dans les bois, une chasse au hérisson, la naissance de quatre petits chiens de garde charmants, les cerises des Germain..

ANNE.

Et puis, Laurent, tu ne dis pas l'histoire du méchant ours.

LE GÉNÉRAL.

Un ours! un vrai ours! vivant?

Il les embrassa plusieurs fois. (Page 89.)

ANNE.

Oui, mon cher oncle, un vrai ours, qui nous a un peu mangés.

LE GÉNÉRAL, *riant*.

Un peu, seulement? Pourquoi n'a-t-il pas mangé tout?

LAURENT.

Anne dit des bêtises, mon oncle. L'ours ne nous a pas mangés; il a seulement voulu nous manger. »

Laurent raconta à son oncle l'aventure de l'ours et du chemineau, interrompue souvent par Anne et expliquée par la bonne.

Le général y prit beaucoup d'intérêt; il approuva beaucoup la visite de sa sœur et parut ne pas bien comprendre le rêve du chemineau, malgré les explications de la bonne.

LE GÉNÉRAL.

Ecoutez, Valérie, je sais bien ce que c'est qu'un homme ivre, j'en ai assez vu dans ma vie pour connaître leurs habitudes. Un homme ivre oublie souvent ce qui lui est arrivé dans son état d'ivresse, mais il ne prend pas un rêve pour une chose vraie et il ne va pas faire des excuses, très pénibles pour lui, sans être bien sûr qu'il les doit.... Je parie qu'il a donné, pour tout de bon, une raclée à cette sotte petite fille que j'ai rencontrée en arrivant.

LAURENT.

Ah! vous les avez rencontrés, mon oncle?

LE GÉNÉRAL.

Oui, je les ai rencontrés; ils disaient tous les

trois des sottises, dont je les ai joliment grondés.

LAURENT.

Et vous croyez que le chemineau a réellement battu Cunégonde?

LE GÉNÉRAL.

Ma foi, je le croirais assez; et, franchement, j'en aurais fait autant, sans frapper si fort pourtant. Mais je le saurai : j'irai voir ce chemineau, qui me plaît, et je lui ferai raconter son affaire.

LAURENT.

Et vous nous direz ce qu'il vous aura répondu, mon oncle.

LE GÉNÉRAL.

Oui, oui. Si Cunégonde a été battue par ce brave homme, tu le sauras, je te le promets.

LAURENT.

Je serai bien content si on l'a battue tout de bon. Elle est méchante! Il faut la punir.

ANNE.

Et si on ne l'a pas battue, mon oncle, voulez-vous la fouetter pour le bon chemineau?

LE GÉNÉRAL.

Oh non! par exemple! Je ne suis pas ivre ni brutal, comme le chemineau, qui n'aurait pas fait ce qu'il a raconté s'il avait été dans son bon sens; je la taquinerai seulement; elle sera assez vexée si je m'y mets. »

La bonne était mal à son aise; elle n'osait pas dire au général l'histoire vraie telle qu'elle l'avait sue par Germain, et pourtant elle aurait voulu qu'il n'eût pas dit devant les enfants tout ce qu'il venait de dire, et surtout elle ne voulait pas lui laisser faire l'enquête qu'il avait annoncée; elle se décida à en prévenir Mme d'Orvillet. En attendant, elle fit cesser les questions et les réflexions des enfants en leur disant :

« Mes chers petits, je crains que votre oncle ne vous trouve bien méchants de désirer tant de mal à Cunégonde; pensez donc quelle terrible chose ce serait pour elle et pour ses parents si c'était vrai et si cela se savait. Il ne faut jamais souhaiter de mal à personne. Rien ne déplaît autant au bon Dieu et n'afflige nos bons anges gardiens comme le manque de charité.

LE GÉNÉRAL, *riant*.

Ah! ah! Valérie, c'est aussi pour moi que vous dites cela. Et vous avez raison ; nous avons été méchants tous les trois : moi, en croyant et peut-être en espérant que le rêve n'était pas un rêve, et vous, mes enfants, en désirant qu'il fût vrai; et, pour nous punir, nous n'en parlerons plus jusqu'à ce que je sache par le chemineau ce qui en est.

LAURENT ET ANNE.

Mais alors vous nous le direz, mon oncle.

LE GÉNÉRAL.

Oui, je vous l'ai promis. A présent je vais m'établir dans ma chambre. Vous allez m'y mener. Valérie me fera voir celle que je dois occuper.

LA BONNE.

Celle que vous habitez toujours, monsieur le comte. D'après votre dernière lettre, madame espérait bien vous revoir un de ces jours; elle l'a fait arranger toute prête à vous recevoir. »

Le général, accompagné des enfants, alla s'installer dans sa chambre. Les enfants l'aidèrent à défaire ses malles, et ils y aidèrent si bien qu'au bout d'un quart d'heure tout était pêle-mêle sur les meubles et même par terre. L'oncle commença par en rire, mais, voyant qu'il ne s'en tirerait pas avec ces deux aides de camp, il leur dit d'aller chercher son valet de chambre et de le laisser s'arranger sans leur secours.

« Et pendant que nous mettrons tout en place, mes enfants, amusez-vous à défaire avec votre bonne ces deux paquets qui sont pour vous. Toi, Laurent, tu trouveras dans le tien un équipement complet de zouave, et toi, ma petite Anne, tu as une jolie poupée avec un trousseau complet. Valérie y trouvera aussi un châle et de l'étoffe pour une robe. »

Les enfants embrassèrent leur oncle avec des cris de joie, et, tout occupés de leurs paquets, ils oublièrent sa commission. Mais l'oncle, se doutant de l'oubli, appela lui-même son valet de chambre, et en une demi-heure tout fut mis en place.

IX

INVITATION DE ROBILLARD

A peine avait-il fini, que Mme d'Orvillet, avertie de l'arrivée de son frère, entra chez lui et se jeta à son cou.

MADAME D'ORVILLET.

Quel bonheur de t'avoir enfin ici, mon ami, et pour longtemps, j'espère.

LE GÉNÉRAL.

Oui, ma bonne sœur, pour un mois au moins.

MADAME D'ORVILLET.

Un mois? Tu veux dire deux ou trois.

LE GÉNÉRAL.

Comme tu voudras; nous avons le temps d'y penser. »

Après quelques questions et observations, Mme d'Orvillet demanda à son frère :

As-tu vu les enfants?

LE GÉNÉRAL.

Je crois bien; nous nous sommes embrassés bien des fois; ils m'ont raconté un tas d'histoires, dont une assez drôle qui regarde Mlle la baronne de CASTELSOT et que je leur ai promis d'éclaircir.

MADAME D'ORVILLET.

Ce n'est pas Félicie qui te l'a racontée?

LE GÉNÉRAL.

Non, c'est Laurent et Anne.

MADAME D'ORVILLET.

Quelle figure faisait Félicie pendant ce temps?

LE GÉNÉRAL.

Félicie n'y était pas. Nous avions eu une entrevue orageuse dans le bois, où elle se promenait avec ces deux petits imbéciles que je n'avais jamais vus chez toi et que je voudrais n'y jamais rencontrer.

MADAME D'ORVILLET.

Comment! encore ces petits Castelsot! Je n'aime pas que Félicie les voie si souvent! Ils lui donnent de sottes idées d'orgueil....

LE GÉNÉRAL.

Qu'elle avait déjà, il faut le dire. Avons-nous eu des querelles à ce sujet! Aussi je crois bien qu'elle ne m'aime guère et qu'aujourd'hui elle doit être furieuse contre moi, et ses amis Castelsot encore plus.

MADAME D'ORVILLET.

Pourquoi cela? Est-ce qu'ils ont été grossiers avec toi? »

Le général raconta à sa sœur ce qui s'était passé

dans le bois ; elle en fut mécontente et surtout peinée, et parla à son frère de l'inquiétude que lui causait la hauteur impertinente de Félicie vis-à-vis de ceux qu'elle croyait être au-dessous d'elle.

LE GÉNÉRAL.

Tu as raison de t'en inquiéter ; et puis elle se fera détester de tout le monde.

MADAME D'ORVILLET.

On la déteste déjà ; elle blesse tout le monde ; jusqu'à sa bonne, qu'elle cherche sans cesse à humilier.

LE GÉNÉRAL.

La bonne! Cette excellente Valérie qui les a tous élevés, qui les aime comme elle aimerait ses propres enfants! Écoute, Hélène, sais-tu ce que tu devrais faire? La mettre servante dans une ferme? Je te réponds qu'elle perdrait bien vite ses grands airs.

MADAME D'ORVILLET, *riant*.

Comme tu y vas, Albert. Trouve-moi un moyen moins terrible.

LE GÉNÉRAL, *riant aussi*.

Je n'insiste pas. Mais avant tout je veux la détacher de ses sots amis (dont je raconterai l'origine et l'histoire quand nous serons plus posés), et je commencerai dès demain, en allant voir ton chemineau et en sachant de lui s'il a réellement donné une rossée à *Mlle la baronne*.

MADAME D'ORVILLET, *effrayée*.

Oh! mon ami, je t'en supplie, pas un mot de cela.

LE GÉNÉRAL.

Pourquoi donc? Ce serait un moyen de tenir cette petite sotte.

MADAME D'ORVILLET, *avec agitation*.

Je t'en prie, Albert. Si tu savais! N'en parle à personne, je te le demande en grâce.

LE GÉNÉRAL, *surpris*.

Qu'est-ce qu'il y a donc? Comme te voilà agitée! Tu pleures, je crois? »

Mme d'Orvillet avait effectivement les yeux pleins de larmes; elle raconta à son frère ce que la bonne avait appris de Germain.

Le général écouta l'histoire du chemineau avec la plus grande surprise et resta pensif quelques instants.

« Sais-tu, dit-il, que j'admire la délicatesse de ce pauvre homme et de ce bon Germain qui gardent le secret parce qu'ils sentent l'humiliation qui retomberait sur nous tous si cette histoire était connue. C'est beau, cela. Je comprends aussi la frayeur de Félicie et sa répugnance à se trouver face à face avec cet homme; orgueilleuse comme elle est, elle se sent en sa puissance et elle est obligée de lui savoir gré de sa discrétion. D'après ce que tu viens de me confier, tu penses bien que je n'en ouvrirai plus la bouche. — Aïe! aïe! continua M. d'Alban en se grattant l'oreille, comment me tirerai-je d'affaire avec les enfants? »

Et il raconta à sa sœur comment il avait promis de leur rendre compte de ce qu'il saurait par le chemineau.

MADAME D'ORVILLET.

Rien de plus facile que de t'en tirer; tu n'as qu'à dire que tu n'as rien appris par le chemineau.

LE GÉNÉRAL.

Oui, oui, j'arrangerai cela. »

« Le père Robillard demande à parler à madame, dit un domestique en ouvrant la porte.

LE GÉNÉRAL.

Il vit encore, ce bon Robillard? Je serais bien aise de le voir.

MADAME D'ORVILLET.

Veux-tu que je le fasse venir ici? il nous dira ce qu'il a à nous demander.

LE GÉNÉRAL.

Très bien. Faites-le monter, Flavien. »

Le domestique sortit et revint peu d'instants après, amenant le père Robillard.

LE GÉNÉRAL, *lui serrant la main.*

Eh! vous voilà, mon vieux! Et me voilà encore une fois dans le pays! Je suis bien aise de vous voir. Et comment cela va-t-il?

PÈRE ROBILLARD.

Vous me faites bien de l'honneur, monsieur le comte. Pas mal pour le moment. Vous avez bonne mine, monsieur le comte, ça me fait plaisir.

MADAME D'ORVILLET.

Et qu'avez-vous à me dire, mon bon père Robillard?

PÈRE ROBILLARD.

Je venais demander à madame la comtesse si elle voulait bien nous faire l'honneur de venir assister à la noce de ma petite-fille Amauda.

LE GÉNÉRAL.

Ah! vous la mariez donc? Et à qui?

PÈRE ROBILLARD.

Au fils du boucher Moutonet. Un brave garçon, doux comme un mouton; ça n'a pas de résistance, pas de volonté. Juste ce qu'il fallait à Amanda, qui aime à commander. Ce sera une maîtresse femme, allez; tout comme sa grand'mère....

LE GÉNÉRAL.

Qui vous a mené rondement pendant les trente-huit ans que vous avez été fermier chez mon père et après lui chez ma sœur.

PÈRE ROBILLARD.

Et les choses n'en allaient pas plus mal, monsieur le comte; elle vous menait son monde, il fallait voir. Amanda est tout comme elle. Et si monsieur le comte veut bien nous faire l'honneur d'assister à la noce, il en jugera bien par lui-même.

LE GÉNÉRAL.

Très volontiers, mon brave homme. A quand la noce?

PÈRE ROBILLARD.

Dans huit jours, monsieur le comte; de demain en huit.

LE GÉNÉRAL.

Très bien, mon ami; nous y viendrons. A quelle heure?

PÈRE ROBILLARD.

Moutonet viendra vous chercher, monsieur, madame. Et les enfants aussi; nous comptons bien sur eux.

MADAME D'ORVILLET.

La mairie est un peu loin pour les enfants.

« Eh! vous voilà, mon vieux! » (Page 101.)

PÈRE ROBILLARD.

Moutonet les portera; que cela ne vous inquiète pas.

MADAME D'ORVILLET.

Mais pour revenir?

PÈRE ROBILLARD.

Moutonet les portera également au retour.

MADAME D'ORVILLET.

Mais ce pauvre Moutonet aura assez à faire, sans....

PÈRE ROBILLARD.

Que madame soit tranquille. Amanda lui commandera : il faudra bien qu'il le fasse. C'est lui qui a la charge de tout le gros ouvrage. »

Après un quart d'heure de conversation, le père Robillard se retira ; M. d'Alban et Mme d'Orvillet se mirent à rire.

LE GÉNÉRAL.

Pauvre Moutonet! je ne voudrais pas être à sa place.

MADAME D'ORVILLET.

Amanda a toujours été impérieuse. Elle va s'en donner avec son pauvre Moutonet. »

X

EMBARRAS DE FÉLICIE

Quand on retourna dans le salon pour le dîner, les enfants apprirent avec des transports de joie qu'ils étaient invités à la noce de Moutonet et d'Amanda. Félicie seule n'en témoigna aucune satisfaction.

FÉLICIE.

Je ne vois pas la nécessité d'aller assister au mariage de deux paysans.

MADAME D'ORVILLET.

Robillard a été trente-huit ans à notre service; c'est un brave et digne homme que nous aimons tous; et je te trouve très ridicule de le traiter de *paysan* avec ton air hautain qui me déplaît tant.

FÉLICIE.

Et comment voulez-vous que je dise?

MADAME D'ORVILLET.

Tu peux dire : le fermier; ce serait mieux dit.

FÉLICIE.

Mais Moutonet est un *paysan*.

MADAME D'ORVILLET.

Pas davantage. Il est boucher, comme son père; d'ailleurs pourquoi dire *paysan*, qui est un terme de mépris, au lieu de dire *ouvrier*?

FÉLICIE.

Clodoald et Cunégonde appellent tous les gens du village des *paysans*.

LE GÉNÉRAL.

Sac à papier! Veux-tu bien ne pas nous parler de ces deux petits drôles, et ne pas répondre à ta mère comme tu le fais.

FÉLICIE.

Qu'est-ce que je dis de mal?

LE GÉNÉRAL.

Tu prends un air impertinent que je ne supporterai pas; entends-tu, chipie!... Silence! ou je te flanque à la porte. »

Félicie, obligée de se taire, comprima sa colère, mais elle résolut de se venger en n'assistant pas à la noce.

« Je n'irai certainement pas, pensa-t-elle. Si Clodoald et Cunégonde me voyaient à une noce de paysans, ils se moqueraient de moi. »

On ne parla pas de la noce devant Félicie; mais, le matin du mariage, elle déclara à sa mère qu'elle se sentait très souffrante et qu'elle demandait à ne pas sortir.

MADAME D'ORVILLET.

Qu'as-tu donc, Félicie ?

FÉLICIE.

Un affreux mal de tête.

MADAME D'ORVILLET, *froidement.*

Il faut te coucher, ma fille : va te déshabiller et mets-toi dans ton lit. »

Félicie, enchantée de se trouver débarrassée de la noce, alla vite se recoucher. A peine était-elle dans son lit que sa bonne lui apporta une lettre de Cunégonde. Félicie lut avec consternation les lignes suivantes :

« Ma chère Félicie, dites-moi si vous mettez une robe de soie ou une simple robe blanche pour la noce des Robillard. Ils nous ont invités ; maman nous emmène ; ce sera très amusant ; d'abord il y aura un très bon dîner ; papa leur a prêté sa fille de cuisine : et puis nous nous moquerons bien de tous ces paysans, n'est-ce pas ? Ce sera très amusant. Nous danserons entre nous pour ne pas toucher leurs mains sales.

« Répondez-moi vite, ma chère Félicie ; que faut-il mettre ?

« Votre amie,
« CUNÉGONDE DE CASTELSOT. »

« Mon Dieu ! mon Dieu ! qu'ai-je fait ? se dit Félicie. Comment pouvais-je croire que mes amis consentiraient à assister à ce sot mariage ? Et comment faire pour y aller à présent ?... Je ne peux pas me trouver guérie en cinq minutes.... Que faire? Mon Dieu! que faire? »

« Le domestique demande la réponse, dit la bonne en rentrant; il est très pressé. »

Félicie prit son parti, demanda du papier, un crayon et écrivit :

« Robe blanche; je n'ai pas le temps d'en écrire davantage.

« Votre amie,
« Félicie d'Orvillet. »

La bonne prit le papier, le lut.

LA BONNE.

Qu'est-ce que c'est, robe blanche? Pour qui une robe blanche?

FÉLICIE.

Porte vite, ma bonne, porte vite! je te l'expliquerai tout à l'heure. »

Félicie retomba sur son oreiller, et ferma les yeux.

Cinq minutes après, elle était levée; elle s'habillait en toute hâte, lissait ses cheveux, mettait la chaussure fine et la robe blanche, préparées de la veille, et s'apprêtait à aller chez sa mère quand la bonne rentra.

LA BONNE.

Comment! vous voilà levée! Et le mal de tête?

FÉLICIE.

Il s'est passé en dormant; je vais dire à maman que je puis aller avec elle à la noce.

LA BONNE.

Ah ! vous allez à la noce à présent ? Cela m'étonne ; vous étiez si décidée à ne pas y aller.

FÉLICIE, *sèchement.*

J'ai changé d'idée. »

Félicie sortit, laissant sa bonne très surprise.

« Il y a quelque chose là-dessous, pensa-t-elle. Elle n'avait pas mal à la tête ; ceci est certain ; c'était un prétexte pour ne pas aller à la noce ; et la voici qui change d'idée en cinq minutes, qui s'habille sans m'appeler et qui court chez sa mère, de peur qu'on ne parte sans elle. Je suis sûre que la lettre de Castelsot y est pour quelque chose ; au reste, c'est tant mieux pour moi ; je pourrai rejoindre mes chers petits à la noce Moutonet et Robillard, et je débarrasserai madame, qui pourra se reposer. »

La bonne se mit à faire le lit ; elle trouva un papier dans les draps ; elle l'ouvrit : c'était la lettre de Cunégonde.

« Voilà l'explication du mystère ! Les Castelsot y vont : il faut qu'elle y aille aussi. »

Félicie était allée chez sa mère, qu'elle trouva prête à partir avec le général et ses enfants.

MADAME D'ORVILLET.

Te voilà, Félicie ? Par quel hasard ?

FÉLICIE

Maman, j'ai dormi et je me suis réveillée guérie ; alors j'ai pensé que je ferais bien de vous accompagner.

MADAME D'ORVILLET.

Si c'est un remords de conscience, tu fais bien; seulement tu ferais mieux de l'avouer franchement au lieu de mentir, ce qui est très mal. Tu penses bien que je n'ai pas cru à ton mal de tête, que je ne crois pas à ton sommeil ni à ta guérison merveilleuse. Si je te permets de nous accompagner, c'est pour ta bonne, qui pourra nous rejoindre, au lieu de te garder.

LE GÉNÉRAL.

Et si nous t'emmenons, c'est à la condition que tu ne prendras pas tes grands airs et que tu seras polie pour tout le monde.

— Oui, mon oncle », répondit humblement Félicie, qui tremblait qu'on ne la laissât à la maison.

On descendit le perron.

« Et la voiture? demanda Félicie. Elle n'est pas prête!

MADAME D'ORVILLET.

Nous allons à pied.

FÉLICIE.

Pourquoi cela?

MADAME D'ORVILLET.

Pour laisser au cocher et au domestique leur liberté; ils ont tous congé jusqu'au soir.

FÉLICIE.

Ce sera bien désagréable d'arriver à pied, comme des pauvres.

MADAME D'ORVILLET.

Ce sera beaucoup mieux que d'empêcher nos pauvres domestiques de s'amuser.

FÉLICIE.

Ce n'est pas une grande fatigue que d'atteler une voiture.

LE GÉNÉRAL, *poussant Félicie.*

Ah çà ! vas-tu finir avec tes raisonnements, toi ? Marche en avant avec ton frère et ta sœur, et tais-toi. »

Félicie ne parla plus, ne s'arrêta pas, mais elle n'en pensa pas moins, maudissant l'empire de son oncle dans la maison, et la bonté *absurde* de sa mère, qui préférait le plaisir des domestiques au bien-être de ses enfants. Elle se consola par la certitude de retrouver à la noce ses amis Castelsot, et se promit de se revenger sur les *paysans* de la contrainte qu'on lui imposait.

Ils rencontrèrent à moitié chemin le pauvre Moutonet suant comme une grotte, pâle, exténué.

MOUTONET.

Bien des excuses, messieurs, mesdames, je me suis pressé tant que j'ai pu, mais j'ai couru et veillé une partie de la nuit. Vers le matin je me suis un peu assoupi ; le temps de m'habiller, de prendre les ordres et me voici en retard.

MADAME D'ORVILLET.

Pas du tout, mon ami ; nous venions au-devant de vous, comme vous voyez ; il n'y a pas de temps perdu.

MOUTONET.

Si ces dames et ces messieurs voulaient bien me garder le secret et ne pas parler à Amanda du retard, cela m'éviterait du désagrément.

LE GÉNÉRAL.

Sois tranquille, mon garçon; nous ne dirons rien. Mais tu t'enfonces dans une mauvaise route, mon ami : un mari qui a peur de sa femme, c'est risible, parole d'honneur.

MOUTONET.

Ce n'est pas que j'aie peur, monsieur le comte, c'est que je l'aime bien et que je ne veux pas la mécontenter.

LE GÉNÉRAL.

Ta! ta! ta! je connais cela; j'en ai vu plus d'un; quand la femme gronde, le mari ploie le dos, et la femme tape dessus. Et tu sais ce qui arrive à un homme battu par sa femme?

LAURENT.

Quoi donc, mon oncle? Qu'est-ce qui arrive?

LE GÉNÉRAL.

Le village se rassemble, on place le mari de gré ou de force sur le dos d'un âne, le visage du côté de la queue, et on le promène dans tous les hameaux de la commune.

LAURENT.

Mais c'est très amusant, cela; moi, cela m'amuserait beaucoup.

LE GÉNÉRAL, *riant*.

Ah bien! quand tu te marieras, tu pourras te procurer ce plaisir.

ANNE.

Moi, je n'aimerais pas cela. Ne faites pas cela, Moutonet; ne laissez pas Amanda vous battre.

« On le promène dans tous les hameaux de la commune. »

MOUTONET, *riant.*

Il n'y a pas de danger, mademoiselle; Amanda a l'air comme ça un peu rude; mais, quand on la connaît, il n'y a qu'à ne pas la contrarier; elle est bonne et douce, elle fait tout ce qu'on veut. Je l'aime bien, allez; c'est tout à fait une bonne ménagère. »

Le général et Mme d'Orvillet se mirent à rire; Moutonet rit plus fort qu'eux. Félicie le regardait avec dédain. L'oncle lui tapa sur l'épaule.

« Pas de grands airs! » dit-il.

Félicie baissa les yeux; tout le monde se remit en marche.

XI

LA MAIRIE ET LE REPAS DE NOCE

Quand ils arrivèrent, le cortège de la noce débouchait sur la route par couples. Amanda seule n'avait pas d'homme pour lui donner le bras. Moutonet se précipita à son poste près de sa fiancée, et, après les saluts, les compliments d'usage, on se dirigea vers la mairie.

En l'absence du maire, M. d'Orvillet, qui était aux eaux des Pyrénées pour sa santé, ce fut l'adjoint qui fit le mariage civil. Une distraction de Moutonet, qui examinait furtivement le visage un peu irrité d'Amanda, l'empêcha de répondre promptement à la question de l'adjoint : « Simplice-Parfait-Fortuné Moutonet, consentez-vous à prendre pour épouse Amanda-Olivette-Prudence Robillard? »

Le silence du marié fit lever les yeux à l'adjoint. Amanda pinça le bras de Moutonet, qui frémit sous le pinçon vigoureux de sa douce fiancée.

« Aïe! Oui! oui! oui! » s'écria-t-il d'une voix éclatante.

Ce fut un rire général, auquel les parents eux-mêmes se joignirent.

« Et vous, Amanda-Olivette-Prudence Robillard, consentez-vous à prendre pour époux Simplice-Parfait-Fortuné Moutonet?

— Oui! » répondit sans hésiter, d'une voix retentissante et vibrante de colère, la robuste fiancée.

Un nouvel éclat de rire partit de tous les côtés. La cérémonie s'acheva au milieu d'une gaieté bruyante, à laquelle ne participèrent pas les mariés. Moutonet regardait Amanda d'un œil suppliant, et Amanda lui répétait sur tous les tons :

« Tu me le payeras!... Tu ne l'emporteras pas en paradis!... Tu verras si je sais me venger!... Je t'apprendrai à me faire des affronts. »

Le pauvre Moutonet était plus mort que vif; ses excuses les plus humbles, faites à voix basse, ne firent qu'exaspérer Amanda, qui se sentait observée et qui comprenait le ridicule de sa position.

Quand les actes de mairie furent présentés pour être signés, l'adjoint dit à haute voix :

« Ceux d'entre vous qui ne savent pas signer devront faire une croix en place de signature. »

Quand le général s'avança et prit la plume :

L'ADJOINT.

Une croix suffira, monsieur, si vous avez de la difficulté à signer.

LE GÉNÉRAL, *riant*.

Je signe assez facilement ; je vais toujours essayer.

L'ADJOINT.

Mais, monsieur, il ne faut pas faire de gribouillage sur les registres. Mettez une croix, ce sera plus sûr. »

Le général avait signé, mais en riant de si bon cœur que la plume, se trouvant secouée et trop pleine d'encre, en laissa échapper une grosse goutte.

L'ADJOINT.

Là ! Je le disais bien ! Ce que c'est que de vouloir en faire plus qu'on ne sait. Voilà un registre déshonoré. »

Pour le coup, le rire devint si général que M. d'Alban, sa sœur et bien d'autres en avaient les larmes aux yeux.

Le pauvre adjoint était visiblement vexé ; il fut abîmé de quolibets ; il comprit enfin sa sottise et se perdit tout honteux dans la foule.

Le cortège se remit en marche pour arriver à l'église. Chacun avait repris son sérieux. Amanda ne s'adoucissait pas ; Moutonet, tremblant et confus, semblait un condamné à mort.

On arriva, on se plaça ; la cérémonie du mariage commença. Cette fois Moutonet répondit oui avec un empressement des plus satisfaisants, et Amanda d'une voix radoucie qui fit relever à Moutonet sa tête abattue.

Après la messe on se dirigea vers un grand hangar où le dîner était prêt à être servi. Chacun prit sa place. On fit asseoir le général à la droite de la mariée, le petit Laurent à la gauche, Anne près de Laurent; la bonne (arrivée pendant qu'on était à la mairie) fut placée près d'Anne. Mme d'Orvillet eut la place d'honneur, près du vieux Robillard, en face de son frère, qui avait à sa gauche la vieille mère Robillard.

Les Castelsot étaient arrivés au milieu de la messe. Félicie, d'abord enchantée d'être au rendez-vous avant eux, pour qu'ils ne la vissent pas arriver à pied, commença à s'inquiéter quand on fut sorti de la mairie; à l'église son inquiétude augmenta; mais au milieu de la messe, quand on entendit le roulement d'une voiture et la voix impérieuse de M. de Castelsot, qui se faisait faire place pour arriver au premier rang, l'agitation de Félicie cessa, et le mécontentement de Mme d'Orvillet commença; elle crut comprendre les motifs de la conduite de Félicie; elle fit tous ses efforts, après la messe, pour l'empêcher de faire bande à part avec les Castelsot; mais, obligée de garder son rang dans le cortège de la noce, elle n'y réussit pas. Félicie d'un bond avait rejoint ses amis; elle évita de jeter les yeux du côté de sa mère, devinant les signes qu'elle lui adresserait, et ne voulant pas y obéir.

Robillard, pressé de se mettre à table, emmena Mme d'Orvillet; Félicie, livrée à elle-même, resta avec Clodoald et Cunégonde; ils commencèrent leurs impertinentes plaisanteries, tout bas d'abord, plus haut ensuite, de manière à être entendus de leurs voisins.

CUNÉGONDE.

Allez-vous dîner avec tout ce monde-là, Félicie?

FÉLICIE.

Je ne sais pas trop ; ce sera difficile de faire autrement, à moins de ne pas dîner....

CUNÉGONDE.

Ah! mais non, par exemple! Un dîner excellent, apprêté par notre fille du château! Je veux en goûter et en manger.

CLODOALD.

Il y a moyen de tout arranger : faisons-nous servir à part ; je vais en dire un mot à maman. »

Clodoald parla en effet à sa mère et à son père ; ils jetèrent un coup d'œil dédaigneux sur les convives ; ils virent que les places d'honneur étaient prises par Mme d'Orvillet et M. d'Alban.

« Il n'y a plus de places convenables pour nous, dit d'un air sec le baron Castelsot ; mais, comme dit mon fils Clodoald, on nous servira à part, et les premiers, comme de droit. »

Mme la baronne approuva en balançant la tête, et, au moment où arrivait la soupe en plusieurs soupières, pour que chacun pût se servir à l'aise, le baron appela :

« Hé! par ici donc! Nous dînons à part. Des assiettes! des couverts! des serviettes!

MOUTONET.

Monsieur le baron, il y a des places vides tout près de vous, au bout de la grande table.

LE BARON.

Pour qui me prends-tu, mon garçon? Crois-tu

que j'irai me mêler, avec ma femme et mes enfants, à tous ces manants, pour attendre qu'on veuille bien me servir après les rustres que le hasard aura placés avant nous? Je dîne seul, en famille ou pas du tout, et j'emmène ma cuisinière. »

Le jeune Moutonet courut avertir son grand-père, qui parut fort contrarié, se gratta la tête, se leva de table après avoir fait ses excuses à Mme d'Orvillet, et alla consulter sa femme.

MÈRE ROBILLARD.

Tu te troubles pour un rien. Te voilà tout révolutionné pour une niaiserie. Je vais arranger tout cela. Va reprendre ta place; mange tranquillement et ne t'occupe de rien.

ROBILLARD.

Mais, ma bonne amie, mais....

MÈRE ROBILLARD.

Je te dis de me laisser faire; tu n'entends rien à rien.

PÈRE ROBILLARD.

Pardon, ma bonne amie, mais....

MÈRE ROBILLARD.

Ah çà! vas-tu te taire enfin? Me prends-tu pour une imbécile à qui il faut mâcher les paroles? »

Amanda s'était retournée quand sa grand'mère avait élevé la voix; elle se leva précipitamment et courut à elle.

« Avez-vous besoin de moi, bonne maman? Qu'a-t-il fait, bon papa? Faut-il que je le remmène?

« Faites excuse, monsieur le baron, madame la baronne. » (Page 127).

MÈRE ROBILLARD.

Oui, prends-le, ma fille, et fais-le taire; il n'en finit pas avec ses mauvaises raisons. »

La vieille Robillard courut à son tour du côté des Castelsot, qui attendaient, avec un mécontentement digne mais visible, qu'on leur servît le dîner apprêté par leur cuisinière.

MÈRE ROBILLARD.

Faites excuse, monsieur le baron, madame la baronne, mesdemoiselles et monsieur, Robillard n'entend rien à rien! Il n'attendait pas l'honneur que lui font M. le baron, Mme la baronne, ces demoiselles et le jeune monsieur, de partager notre joie et notre repas. Il n'a rien préparé pour cet honneur!

LE BARON.

Il devait bien penser que si je lui donnais mes gens, auxquels vous n'aviez aucun droit, il devait me donner à déjeuner et à dîner? C'est déjà un assez grand dérangement pour nous, sans qu'on l'augmente en nous faisant mourir de faim.

MÈRE ROBILLARD.

Mon Dieu! monsieur le baron, veuillez l'excuser; il n'a pas beaucoup d'intellect, vous le savez, et quand je ne me mêle pas des choses, rien ne va. »

Tout en parlant et en écoutant, la mère Robillard avait débarrassé une table des verres, bouteilles et assiettes qui la couvraient; elle y avait mis une nappe blanche, en faisant observer qu'elle pensait à tout; elle mit cinq couverts, tout ce qui était nécessaire pour le service et courut chercher une soupière bien pleine de soupe.

Félicie et ses deux amis triomphaient. La mère Robillard attacha au service de leur table un des jeunes Moutonet (car ils étaient cinq frères, tous de la pure race des MOUTON; le langage incorrect des villageois, et un peu de malice peut-être, avaient fait dégénérer les *Mouton* en *Moutonet*). Ce jeune Moutonet, le plus jeune des frères et l'aîné de cinq sœurs, avait quinze ans, c'est-à-dire qu'il avait sept ans de moins que son frère Simplice-Parfait-Fortuné, le nouveau marié. Il n'avait pas osé refuser l'honneur de servir les seigneurs de Castelsot, mais son attitude témoignait de ses regrets; sans cesse il tournait la tête et souriait d'un air d'envie en regardant les malices innocentes des jeunes gens qui servaient sous les ordres de Moutonet (Simplice-Parfait-Fortuné); les vengeances des jeunes convives, les poussades, les rires, les tours, les maladresses, tout enfin ce qui compose la gaieté d'une noce.

XII

LE CHEMINEAU ET LE GÉNÉRAL EN PRÉSENCE

Tout en mangeant, Félicie et ses amis continuaient leurs plaisanteries moqueuses, leurs observations méchantes sur les personnes présentes, sans même épargner le marié et sa famille.

CLODOALD.

Savez-vous, jeune Moutonet, de quelle race était votre ancêtre, le premier Mouton établi dans le pays?

MOUTONET JEUNE, *d'un air naïf.*

Non, monsieur, je ne l'ai jamais demandé.

CLODOALD.

Est-ce de père en fils que vous avez cette chevelure si frisée qui rappelle votre nom?

MOUTONET JEUNE.

Je pense que oui, monsieur; tous les Moutonet

vivants sont frisés comme moi ; il y a bien des gens qui nous l'envient ; on n'a pas besoin de passer par les mains du coiffeur, avec des cheveux tout frisés comme ça.

FÉLICIE.

Je n'ai pas de fourchette pour manger mon poulet.

MOUTONET JEUNE.

Pardon, mam'selle ; vous en avez une près de vous.

FÉLICIE.

Mais c'est une fourchette sale !

MOUTONET JEUNE.

Pardon, mam'selle. La mère Robillard l'a mise toute propre tout à l'heure.

FÉLICIE.

Mais je viens de manger avec.

MOUTONET JEUNE.

Eh bien, mam'selle ; ce n'est pas ça qui l'a salie ! Mam'selle ne me fera pas croire qu'une demoiselle propre comme mam'selle salisse les couverts en mangeant avec.

FÉLICIE.

Ce n'est certainement pas moi, mais la sauce, la graisse.

MOUTONET JEUNE.

Oh, mam'selle ! tout ça n'est pas de la saleté ! C'est bien bon au contraire.

FÉLICIE, *avec impatience.*

Que ce paysan est bête ! Donnez-moi une fourchette propre.

MOUTONET JEUNE.

Oui, mam'selle. »

Le Moutonet jeune prit la fourchette sale, l'essuya avec un bout de chiffon qui était dans un coin et la rendit à Félicie.

FÉLICIE, *en colère*.

Sale paysan! Faut-il être dégoûtant pour faire des choses comme cela!

MOUTONET JEUNE.

Dame! mam'selle, nous autres c'est comme ça que nous faisons.

CUNÉGONDE.

Il n'y a pas moyen de manger avec des couverts si dégoûtants.

MOUTONET JEUNE.

J'en suis bien désolé, mam'selle, mais je ne sais qu'y faire. Je vais demander à la mère Robillard. »

Moutonet jeune disparut et ne revint plus. Il s'était faufilé parmi les garçons qui aidaient au service de la grande table, et il se consola des impertinences de Félicie par les rires et par la franche gaieté de ses compagnons.

La mère Robillard ne tarda pas à revenir, rouge et essoufflée, pour savoir ce qu'il y avait et pourquoi Moutonet jeune était tout triste.

LA BARONNE.

Votre Moutonet est un imbécile, madame; il n'entend rien au service.

MÈRE ROBILLARD.

Quant à imbécile, il ne l'est pas, sauf votre respect, madame la baronne. Et quant au service, il ne connaît peut-être pas celui de vos châteaux, mais il est bien futé pour celui qu'on doit faire chez lui; il vous égorge et vous apprête un mouton ou un veau, comme un homme.

LA BARONNE.

Je ne vous ai pas demandée, madame, pour faire l'éloge de ce petit sot, mais pour nous faire servir notre dîner par quelqu'un de capable.

MÈRE ROBILLARD.

Ah bien! monsieur le baron, je ne saurais trouver mieux. Un autre ne se serait peut-être pas accommodé si longtemps des moqueries de ces demoiselles et de votre petit monsieur. J'ai beaucoup à faire, voyez-vous; c'est moi qui donne le dîner; tout retombe sur moi. »

« Mère Robillard! criait-on de tous côtés, du cidre, s'il vous plaît. Et puis, on manque de verres par ici. »

Elle répondait :

« Ah bien! qu'on boive deux dans le même verre; quant au cidre, allez, vous autres jeunes garçons, mettre une nouvelle pièce en perce. Moutonet vous fera voir où ce qu'elle est. Pardon, excuse, madame la baronne, si je vous laisse; tout retombe sur moi; je ne puis m'absenter. Mais je vais voir à ce que vous soyez servis par quelqu'un d'intelligent. »

La mère Robillard partit, laissant la table Castelsot très courroucée du peu de respect qu'on lui témoignait. La brave vieille, bien qu'elle fût impatientée de l'exigence de ces Castelsot, s'occupa pourtant à leur chercher un serviteur intelligent et obligeant. En attendant, Moutonet (Simplice-Parfait-Fortuné) porta différents mets sur leur table, et ils se résolurent à manger sans changer de couverts.

Le dîner était déjà assez avancé, quand le nouveau serviteur des Castelsot parut. A son aspect, les trois enfants se levèrent en criant. Le baron et la baronne se dressèrent également dans une violente indignation.

Le chemineau (car c'était lui), qui ne s'attendait pas à paraître devant Félicie et les Castelsot, resta ébahi. Tout le monde s'était retourné et levé, se demandant ce qu'il y avait. M. d'Alban comprit de suite l'embarras de la situation, quand il entendit l'exclamation de sa sœur : « Le chemineau! »

Il se leva, se dirigea vers le chemineau et, lui serrant la main, il dit haut, de manière à être entendu de tout le monde :

« Je suis bien aise de vous retrouver ici, mon brave homme, pour vous exprimer ma reconnaissance du grand service que vous avez rendu à ma sœur et à ses enfants en les sauvant des griffes et des dents de l'ours. Comment cela va-t-il maintenant? Vous avez été grièvement blessé? »

Le chemineau s'était remis pendant le discours du général; il remercia à son tour des bontés qu'on lui avait témoignées.

Tout en parlant, il examinait attentivement M. d'Alban.

LE CHEMINEAU.

Pardon, monsieur, si je vous fais une question.

comme on dit, saugrenue. Monsieur est-il militaire?

LE GÉNÉRAL.

Certainement, depuis vingt-trois ans.

LE CHEMINEAU.

Monsieur n'a-t-il pas été colonel au 40ᵉ de ligne, en Afrique?

LE GÉNÉRAL.

Pendant dix ans, mon ami.

LE CHEMINEAU.

Monsieur est donc M. le comte d'Alban?

LE GÉNÉRAL.

Tout juste, mon cher; comment me connaissez-vous?

LE CHEMINEAU.

Monsieur se souvient-il d'un colon qui a aidé, un jour, monsieur le comte à se débarrasser de trois Arabes qui l'avaient attaqué un peu rudement?

LE GÉNÉRAL.

Si je m'en souviens! Je me vois encore aux prises avec ces coquins qui me labouraient les côtes avec leurs sabres. Sans ce brave colon qui est venu à mon secours en se jetant sur eux comme un lion, et qui les a travaillés à son tour avec une serpe, j'étais un homme mort. Et vous étiez donc là? Vous avez assisté au combat?

LE CHEMINEAU.

C'était moi le colon, monsieur.

— Vous? c'était vous? s'écria le général en lui serrant les mains, au grand scandale des Castelsot et de Félicie, et aux acclamations de tous les assistants. Mon ami! mon brave ami! Mais vous êtes

« Sans ce brave colon qui est venu à mon secours. »

donc destiné à être le sauveur de toute ma famille ! Je suis heureux de vous rencontrer, mon ami. Comment m'avez-vous reconnu? Je vous ai si peu vu ! On m'a emporté presque tout de suite.

— C'est moi-même qui vous ai emporté, monsieur, avant que vous eussiez repris connaissance. Les Arabes étaient blessés et en fuite ; il n'y avait plus de danger pour vous, mais vous étiez sans connaissance ; vous n'avez donc pas pu voir mon visage, mais j'ai bien vu le vôtre pendant une heure que je vous ai porté. »

Cette scène avait mis un peu de désordre dans le repas; Mme d'Orvillet s'était levée de table et était venue remercier le brave chemineau. Laurent et Anne regardaient tout ébahis ; ils coururent à lui et l'embrassèrent. Le bon chemineau ne savait comment assez remercier de la reconnaissance qu'on lui témoignait ; il regardait Félicie du coin de l'œil ; il souffrait pour elle de son embarras. Mme d'Orvillet ne savait si elle devait l'appeler ou la laisser comme dans l'oubli. Le général fit cesser l'indécision.

« Viens, Félicie, il faut que, toi aussi, tu remercies ce brave homme qui m'a sauvé la vie. Tous, nous lui devons beaucoup. »

Félicie ne bougea pas ; son oncle alla à elle, lui prit la main et lui dit à l'oreille en l'embrassant :

« Je sais ce qui te retient, je sais tout ; il faut que tu viennes, sans quoi on pourrait deviner..., les Castelsot surtout. »

Félicie devint pourpre, mais elle n'hésita pas à suivre son oncle et à aller serrer la main du chemineau; elle voulut parler, mais l'humiliation était trop grande pour son courage, l'effort avait été trop violent, elle éclata en sanglots. Tout le monde crut que c'était la reconnaissance qui la faisait pleurer; on lui sut gré de ce bon sentiment. Mais l'oncle et le chemineau, qui devinaient la cause de son émotion, la plaignaient. Le chemineau lui dit tout bas :

« Pardon, mademoiselle, pardonnez-moi, je ne savais ce que je faisais. »

Pour faire finir cette scène, le général prit le bras du pauvre chemineau et présenta cet homme à toute la société comme son sauveur; il demanda qu'on lui fît à table une place près de lui; chacun s'empressa d'y aider en se resserrant un peu, en apportant une chaise, un couvert, en rapportant les plats déjà mangés.

Au commencement, le chemineau fut un peu confus de l'honneur qu'on lui faisait, mais il ne tarda pas à se remettre et il se mit à manger de bon appétit et à boire en homme altéré.

XIII

IMPERTINENCE DE FÉLICIE

Il y avait deux heures qu'on était à table; les enfants n'avaient plus faim, ils étaient fatigués de rester assis; la mère Robillard les fit sortir et les mena à la table où était préparé le dessert réservé pour les enfants du château. Là ils recommencèrent à manger gâteaux, noisettes, fruits, macarons, sucre d'orge et autres gourmandises toujours fort appréciées des enfants; le petit Germain avait bien envie d'approcher, mais il n'osait pas.

« Germain, Germain! s'écria Anne, viens manger avec nous de très bonnes choses. »

Germain accepta l'invitation avec joie; d'autres petites têtes se montrèrent et reçurent le même accueil ; de sorte qu'en peu d'instants on entendit partir de ce coin des rires, des cris de joie, des conversations animées.

La mère Robillard y amena aussi Félicie et les petits Castelsot. Ils regardèrent avec dédain.

« Un joli dessert, dit Félicie, de vieux gâteaux au beurre rance....

LAURENT.

Pas du tout, ils sont excellents et tout frais.

FÉLICIE.

Tu trouves tout bon, toi ; pourvu que tu manges, tu es content.

LAURENT.

Et toi, tu trouves tout mauvais. Moi, je suis toujours content ; toi, tu es toujours grognon.

ANNE.

Veux-tu goûter des sucres d'orge? ils sont très bons.

FÉLICIE.

Fi donc! C'est commun, des sucres d'orge! Tous les gamins de Paris en mangent toute la journée.

LAURENT.

C'est qu'ils ont bon goût ; ils aiment les bonnes choses.

FÉLICIE, *examinant chaque assiettée*.

Et tout cela est sale, tout le monde y a touché ; on voit la trace des doigts.

LAURENT.

Et avec quoi veux-tu qu'on y touche? Avec les pieds? avec les dents?

FÉLICIE, *vexée*.

Comme c'est bête, ce que tu dis! »

Tous les enfants riaient aux dépens de Félicie : ils admiraient beaucoup les ripostes de Laurent et se réjouissaient de son esprit, qui leur semblait supérieur à tout ce qu'ils avaient entendu.

FÉLICIE.

Tu es en bonne compagnie avec tous ces petits imbéciles qui t'admirent et qui rient sans savoir pourquoi.

LAURENT.

Si fait, si fait, ils savent bien pourquoi ; parce que je te colle et que tu n'as rien à me répondre ; n'est-ce pas, mes amis? »

Un rire général, mais étouffé, fut la réponse qu'obtint Laurent.

FÉLICIE.

Je te fais mon compliment de ton succès ; c'est tout à fait ridicule.

LAURENT.

Vois comme je me contente de peu. Je suis très content de faire rire mes amis et je ne me trouve pas ridicule. Bien mieux, c'est toi que je trouve ridicule et même sans esprit.

FÉLICIE, *en colère*.

Tais-toi, je ne veux pas que tu me dises des sottises.

LAURENT.

Tu m'as bien dit que j'étais bête ; pourquoi ne te dirais-je pas que tu n'as pas d'esprit? C'est beaucoup moins que d'être bête.

FÉLICIE.

Il n'y a pas moyen de causer avec un imbécile comme toi.

LAURENT.

Pourquoi cela ?

FÉLICIE.

Parce que ce que tu dis est si bête qu'on ne sait comment y répondre.

LAURENT.

Tiens ! mais ce n'est pas si bête alors, puisqu'un grand esprit comme le tien ne peut pas me répondre.

FÉLICIE.

Clodoald, Cunégonde, aidez-moi, je vous en prie, à faire taire ce méchant gamin, qui a quatre ans de moins que moi, et qui veut me tenir tête.

CUNÉGONDE.

Si nous pouvions faire cesser les rires de tous ses amis, ce serait mieux encore. »

Laurent prend Anne par la main, repousse ses amis contre la table de friandises et se place devant eux avec Anne en criant :

« Essayez donc, tâchez de nous faire taire : vous verrez si c'est facile. A nous tous, nous vous rosserions et nous n'en ririons que mieux.

CLODOALD, *piqué*.

Si vous croyez que nous allons nous compromettre avec ces enfants de rien !

LAURENT.

Rions, mes amis, rions. Ha ! ha ! ha ! ha ! (*Tous rient.*)

CUNÉGONDE, *en colère*.

Et si vous croyez que nous daignons nous fâcher contre ces petits gueux?

LAURENT.

Rions. Ha! ha! ha! ha! (*Tous rient.*)

CLODOALD, *furieux*.

Et si vous croyez que vos rires sont spirituels!

LAURENT.

Ils sont jaloux, mes amis, rions. Ha! ha! ha! ha! (*Rires plus prolongés.*)

CUNÉGONDE.

Ils sont à fouetter, en vérité.

LAURENT.

Mademoiselle Cunégonde, faites venir le chemineau, il rêvera tout haut. Rions! » (*Rires de plus en plus éclatants.*)

Clodoald, Cunégonde et Félicie deviennent pâles de colère; Clodoald s'élance d'un bond sur Laurent, qui roule par terre; Germain se jette entre lui et Clodoald, qu'il repousse; Clodoald, âgé de quatorze ans et beaucoup plus grand que Germain, le repousse à son tour. Laurent se précipite sur Clodoald; Anne lui pince les jambes; Clodoald crie et se débat; les autres enfants s'enhardissent et arrivent successivement au secours de Laurent, d'Anne et de Germain; Cunégonde et Félicie accourent pour défendre Clodoald. Au milieu de cet engagement, arrivent le général et le chemineau. Le général saisit Clodoald par les cheveux et le tire un peu rudement en arrière; Clodoald hurle; Cunégonde crie, Félicie pleure et appelle au secours; le chemineau, croyant qu'elle est attaquée, la saisit dans ses bras et l'emporte à quelques pas plus loin. Félicie se figure qu'il veut l'enlever et lui abîme la figure à coups de poing et à coups d'ongles. Le général envoie Clodoald rouler à dix pas d'un coup de pied bien visé ; il chasse Cunégonde, qui se jetait sur Laurent et sur Anne.

LE GÉNÉRAL.

Bon ! voici le terrain déblayé ; pas de tués, pas de blessés. Qu'est-ce qui est arrivé ?

ANNE.

C'est Félicie, Cunégonde et Clodoald !

LE GÉNÉRAL.

Qu'ont-ils fait ?

LAURENT.

Félicie a fait l'orgueilleuse avec ces pauvres garçons, qui sont très bons ; elle a dit que le dessert était une saleté, que mes amis étaient des imbéciles ; Clodoald a dit qu'ils étaient des gueux ; ils ont dit je ne sais quoi encore ; et moi, j'ai voulu défendre mes amis, qui n'osaient rien dire. Et Clodoald a voulu nous battre parce que nous riions ; et Germain est venu à mon secours ; mais, comme il est petit comme moi, Clodoald l'a jeté par terre ; il voulait le battre.

ANNE.

Moi, je lui ai pincé les mollets.

LAURENT.

Alors je me suis relevé et les autres sont venus à notre secours ; et puis vous êtes arrivé, mon oncle, ce qui est bien heureux.

Le général envoie Clodoald rouler à dix pas.

LE GÉNÉRAL.

Oui, je causais avec mon brave Georges Diloy (le chemineau); ta bonne, qui vous avait quittés un quart d'heure avant pour prendre les ordres de ta maman, a entendu du bruit et nous sommes venus par ici pour voir ce que c'était. La voilà qui arrive tout justement et voici Félicie qui débusque par l'autre côté. Tiens, elle est accompagnée par Diloy !

D'où viens-tu donc en si bonne compagnie, Félicie ?

FÉLICIE.

Je cherche maman et ma bonne : je veux m'en aller.

LE GÉNÉRAL.

T'en aller? Mais on n'a pas encore commencé à danser. J'entends le violon qui se prépare.

LAURENT.

On va danser, on va danser; venez vite, mes amis, venez tous, on va danser.

ANNE.

Je veux danser avec Germain. N'est-ce pas, Germain, tu vas danser avec moi?

GERMAIN.

J'en serai bien content, mademoiselle.

LE GÉNÉRAL.

Moi, je danse la première contredanse avec la mariée.

Et toi, Diloy, n'oublie pas que tu danses avec ma sœur.

LAURENT.

Félicie danse avec Clodoald.

DILOY.

Et Mlle Cunégonde?

LAURENT.

Eh bien, avec moi; et puis j'en prendrai d'autres. »

Félicie alla rejoindre sa mère et lui dit qu'elle voulait s'en aller.

MADAME D'ORVILLET.

Pourquoi donc cela, ma fille?

FÉLICIE.

Parce que ce vilain chemineau m'a prise dans ses bras pour me préserver de la bataille, disait-il. Moi, je ne veux pas qu'il me touche : c'est un vilain homme que je déteste et je ne veux plus le voir.

MADAME D'ORVILLET.

Écoute, Félicie, la haine que tu lui témoignes est très coupable; ce pauvre homme a voulu te rendre service, j'en suis sûre; il est si désolé et si honteux de ce qui lui est arrivé avec toi, qu'il cherche toutes les occasions possibles de se rendre utile pour se faire pardonner.

FÉLICIE, *rougissant*.

Je suis bien fâchée que vous sachiez ce qu'a osé faire ce misérable; quelqu'un vous l'a dit, pour que vous puissiez le savoir.

MADAME D'ORVILLET.

Non, ma pauvre fille, personne ne le sait; c'est le chemineau lui-même qui me l'a raconté en me demandant pardon presque en pleurant. Sois sûre qu'il ne le dira à personne au monde et qu'il serait bien heureux d'avoir ton pardon.

FÉLICIE.

Il ne l'aura pas; je ne lui pardonnerai jamais.

MADAME D'ORVILLET.

C'est bien mal, Félicie, de conserver de la rancune dans ton cœur. Tu te laisses aller à un mauvais sentiment. Tâche de te vaincre là-dessus. Nous partirons à la fin du jour; jusque-là essaye de t'amuser; va joindre ta bonne. Moi, il faut que je danse trois ou quatre contredanses; après quoi je me reposerai près des vieux Robillard. »

Félicie s'éloigna sans répondre, chercha en vain les Castelsot, qui étaient repartis furieux, et finit par s'asseoir près de sa bonne, qui alla danser à la même contredanse que les petits, mais qui, dans les intervalles, revenait prendre sa place.

« Voulez-vous venir danser, mam'selle? dit un des Moutonet; on va commencer un beau galop.

— Je n'ai pas de danseur, répondit sèchement Félicie.

MOUTONET SECOND.

Je viens vous inviter, mam'selle.

FÉLICIE.

Je ne danse pas avec les paysans.

MOUTONET SECOND.

Tiens, pourquoi cela?

FÉLICIE.

Parce que cela ne me plaît pas.

MOUTONET JEUNE.

Ce n'est pas gentil ce que vous dites là, mam-selle.

FÉLICIE.

Je n'ai pas besoin de vos leçons. Laissez-moi tranquille.

MOUTONET SECOND.

Bien volontiers, mam'selle; c'est mon frère qui m'avait dit d'aller vous inviter, moi je voulais danser avec la Michelette; pourvu qu'elle ne soit pas prise à présent. »

Moutonet second courut à Michelette, qui, heureusement, n'était pas encore engagée. Félicie resta assise, grognant et boudant.

Après le galop, qui dura longtemps parce que tout le monde s'en amusait beaucoup, Amanda vint savoir pourquoi Félicie n'avait pas dansé.

FÉLICIE, *maussadement*.

Je n'avais pas de danseur.

AMANDA.

Comment? Je vous avais envoyé Moutonet (Albert), mon beau-frère.

FÉLICIE.

Je l'ai refusé!

AMANDA, *surprise*.

Pourquoi donc cela, mademoiselle?

FÉLICIE.

Parce que je ne danse pas avec les paysans.

AMANDA.

Vous êtes donc plus grande dame que votre maman, qui danse avec tous nos garçons; et votre oncle danse bien, lui aussi, avec nous autres filles.

FÉLICIE.

Je suis ce que je suis et je n'ai pas besoin de vos conseils.

AMANDA.

Moi, je croirais que vous en avez besoin, mam'selle, et moi, qui ne suis pas une grande dame bien éduquée, je ne ferais pas tout ce que vous faites depuis ce matin ; j'accepterais de bon cœur ce qui m'est donné de bon cœur, et je ne me ferais pas un plaisir d'humilier le monde, comme vous l'avez fait pour mes beaux-frères et pour d'autres.

FÉLICIE.

Vous êtes une insolente ; vous oubliez qui je suis.

AMANDA.

Ah ! pour ça non, je ne l'oublie pas ; et si je l'oubliais, vous me le rappelleriez bien vite. Vous êtes tout l'opposé de votre maman, de votre oncle, de M. Laurent et de Mlle Anne. Aussi tout le monde les aime bien, eux ; et chacun de nous se jetterait au feu pour eux.

FÉLICIE.

Ce qui veut dire que vous ne le feriez pas pour moi.

AMANDA.

Ah ! ma foi non ! On vous laisserait vous en tirer toute seule. Et on aurait raison.

FÉLICIE.

Je ne veux pas que vous me disiez d'impertinences. Laissez-moi.

AMANDA.

Avec plaisir, mam'selle, et je m'en vas raconter à toute la noce les gentillesses que vous nous dites et que vous nous faites.

XIV

FÉLICIE SE RADOUCIT

Amanda s'était retirée; elle tint fidèlement sa promesse; elle alla de groupe en groupe, de garçon en garçon; chacun se retournait et regardait Félicie d'un air narquois; les danses continuèrent sans que personne s'approchât d'elle.

Laurent, Anne et même la bonne s'amusaient, sautaient, riaient; M. d'Alban partageait la gaieté générale, Mme d'Orvillet causait, se rendait aimable et gracieuse pour tout le monde; toute la jeunesse se livrait à la joie; Félicie seule, abandonnée de tout le monde, avait un air ennuyé; sa figure exprimait le dédain, et personne ne s'aventurait à lui parler ni même à l'approcher.

Mme d'Orvillet, qui ne la perdait pas de vue, avait

observé et deviné ce qui s'était passé ; deux ou trois fois elle voulut s'en aller pour emmener Félicie, mais les vieux Robillard lui demandèrent si instamment de rester encore un peu de temps, qu'elle n'eut pas le courage de leur refuser. Depuis que Félicie était seule sans parler à personne, Mme d'Orvillet était plus tranquille. Au moins, pensa-t-elle, son orgueil ne blessera plus ces pauvres gens ; elle a si bien fait l'impertinente avec Amanda, que tout le monde en est informé, et qu'on ne veut plus s'y risquer.

La bonne regardait de temps en temps du côté de Félicie ; la voyant à sa même place, elle donna ses soins aux deux petits qui galopaient, qui dansaient, qui mangeaient, buvaient et s'amusaient comme des rois. Chacun s'occupait d'eux, les admirait, les embrassait ; ils ne s'étaient jamais tant amusés.

Le chemineau avait été pris pour aider au service ; il versait à boire, rinçait les verres, lavait la vaisselle, et rendait tous les bons offices en son pouvoir ; lui aussi jetait de temps en temps un coup d'œil sur Félicie ; il entendait ce qu'on disait d'elle autour de lui, et il aurait bien voulu qu'elle fût autrement ; mais il n'osait pas s'approcher d'elle, encore moins lui parler ; il sentait qu'elle lui en voulait toujours, et il ne cessait de se reprocher son aventure avec elle.

« Madame est bien bonne de me l'avoir pardonné, se disait-il ; et ce bon M. d'Alban, qui m'en a parlé aussi sans colère ; c'est qu'il me plaignait au lieu de me gronder ; il m'a bien recommandé de ne jamais me laisser aller à boire; et bien sûr que je ne recommencerai pas, j'ai eu trop de chagrin d'avoir été pris de vin ce jour-là pour recommencer une chose pareille. Cette pauvre petite demoiselle! Me déteste-t-elle! Et de penser que c'est la nièce de ce bon M. le comte! C'est ça qui me chagrine le plus. Que puis-je faire, mon bon Dieu, pour me rapatrier avec elle?... C'est qu'elle a une manière de vous regarder et de vous parler qui n'encourage pas; ça vous glace malgré vous.... Bon, j'ai une idée. » Diloy dit quelques mots à voix basse à M. d'Alban qui venait demander un verre de cidre.

« Tu crois? lui répondit le général.

— Je pense que oui, monsieur; la pauvre petite demoiselle s'ennuie parce qu'elle n'a pas de danseur. Et si vous vouliez bien la faire danser, elle serait bien contente, j'en suis certain.

— C'est facile à faire, je vais voir. Félicie, que fais-tu donc là toute seule? s'écria le général, qui s'approcha d'elle. Tu n'as pas l'air de t'amuser? Viens par ici, on va commencer un galop monstre, je serai ton danseur si tu n'en as pas.

— Je veux bien, mon oncle », dit Félicie en se levant.

La musique commença un galop; les danseurs se précipitèrent sur leurs danseuses pour ne pas perdre une minute de plaisir; le général enleva Félicie, et tous les couples, violon en tête, partirent en courant, tournant, riant; ils furent hors de vue en un instant; Laurent, Anne, la bonne, tout le monde en était; Mme d'Orvillet resta seule avec les vieux Robillard et d'autres amis de leur âge.

« Bon, je l'ai fait partir tout de même ! s'écria le chemineau en se frottant les mains.

MADAME D'ORVILLET.

Qui avez-vous fait partir, mon bon Diloy?

DILOY.

Mlle Félicie, qui ne dansait pas, madame. Son oncle l'a enlevée, les voilà qui galopent tout comme les autres.

MADAME D'ORVILLET.

Ah! c'est vous! Je vous en remercie, Diloy.

MÈRE ROBILLARD.

Que madame ne croie pas que Mlle Félicie ait manqué de danseurs si elle avait voulu les accepter; nous ne l'aurions certainement pas laissée dans l'oubli; c'est qu'elle en avait refusé et on n'a plus osé.

MADAME D'ORVILLET.

Je le sais bien, ma bonne mère Robillard, et je suis bien aise que vous me donniez l'occasion de vous dire combien je regrette que ma fille se soit si mal comportée aujourd'hui. Je l'ai bien vu, sans que personne s'en fût plaint : mais j'espère que vous ne lui en voudrez pas.

MÈRE ROBILLARD.

Oh! madame! Nous n'avons rien à pardonner. Nous savons qu'un enfant est un enfant, et qu'on ne peut pas exiger d'un enfant la raison d'une personne faite.

MADAME D'ORVILLET.

Je le sais, mais il y a certains défauts qui sont

plus pénibles que d'autres et j'en souffre pour Félicie autant que pour les personnes qu'elle blesse.

MÈRE ROBILLARD.

Mlle Félicie ne nous a pas blessés, madame; sans la famille du château de Castelsot, que Mlle Félicie a voulu imiter, on n'aurait eu rien à dire.

MADAME D'ORVILLET.

Je l'espère; mais j'espère aussi qu'elle ne recommencera pas et qu'elle verra peu cette famille à l'avenir. »

Tout le monde garda le silence, et Mme d'Orvillet attendit patiemment le retour du galop.

Ce ne fut qu'une demi-heure après, qu'on entendit les sons lointains du violon et un bruit semblable à une charge de cavalerie. Ce bruit grandit de minute en minute, et enfin apparut le galop dans un tourbillon de poussière. Il arriva comme une avalanche dans la prairie où se faisait la noce. Musiciens et danseurs tombèrent exténués sur l'herbe, haletants, en nage, ne pouvant ni bouger ni parler.

Cinq minutes après, tout le monde fut sur pied, prêt à recommencer; un souper attendait la société. Mais il se faisait tard, les enfants n'en pouvaient plus, et Mme d'Orvillet déclara qu'il fallait partir.

« Quel dommage! s'écria Félicie, c'était si amusant! et je n'ai dansé qu'une fois!

MADAME D'ORVILLET.

Si tu avais commencé plus tôt, tu aurais dansé, comme les autres, quinze ou vingt fois. Il est tard, Laurent et Anne sont à bout de forces, il faut nous en aller. Sais-tu, mon frère, si la voiture est arrivée ? je l'ai fait demander il y a une heure à peu près.

LE GÉNÉRAL.

Oui, elle est là ; je l'ai vue sur la route en revenant.

MADAME D'ORVILLET.

Alors, partons ; faites vos adieux, mes enfants, et remerciez bien des soins qu'on a eus de vous. »

Les enfants embrassèrent à droite et à gauche. « Adieu Marthe, adieu Aloïs, adieu Célina, adieu Romain, adieu Germain, adieu », adieu, etc., etc.

« Adieu monsieur Laurent, adieu mademoiselle Anne », répondaient des petites voix de tous côtés.

Personne ne dit : «¡ Adieu, mademoiselle Félicie ». Adoucie par le plaisir du galop, elle le sentit et en eut un léger regret.

« Au revoir et pas adieu, mon brave Diloy, cria le général ; viens donc que je te serre la main. »

Le bon chemineau accourut tout joyeux ; Mme d'Orvillet lui dit aussi un adieu amical ; à la surprise générale, Félicie lui tendit la main et dit : « Adieu, Diloy, je vous remercie ».

Avant de monter en voiture, M. d'Alban embrassa Félicie. « Tu veux donc devenir une bonne fille ? lui dit-il. — Je tâcherai, mon oncle », répondit Félicie.

Quant au pauvre chemineau, il avait fortement serré de ses deux mains celle de Félicie et lui avait dit d'une voix émue :

« Oh ! mademoiselle, que vous êtes bonne ! que je vous remercie ! »

Musiciens et danseurs tombèrent exténués sur l'herbe. (Page 157).

La voiture s'éloigna. Quand on arriva, Anne dormait si profondément que sa bonne la prit, la déshabilla, la coucha sans qu'elle ouvrît les yeux. Laurent ne dormait qu'à moitié, il y voyait encore un peu ; sa maman l'aida à se déshabiller, à faire une très courte prière et à se coucher.

XV

CONVERSATIONS UTILES

Félicie était restée dans le salon avec son oncle; il s'assit, lui prit la main, la fit asseoir près de lui.

« Ma chère petite, tu as eu un bon mouvement, tu y as cédé, c'est bien, très bien. Je vois que ton cœur est moins mauvais que je ne le croyais. Sais-tu ce qui te fait mal? Ce sont ces petits Castelsot, qui sont bêtes, ridicules, détestables et détestés. Crois-tu que je ne me sois pas aperçu chez les Robillard, et que tout le monde n'ait pas vu leurs airs ridicules, leurs moqueries méchantes?

FÉLICIE.

Mais non, mon oncle, je vous assure que vous vous trompez....

LE GÉNÉRAL.

Non, non, ma fille, je ne me trompe pas, et tous ont vu et entendu comme moi. Je dis donc que ces gens-là sont une peste pour toi ; tu sais qu'on fuit les pestiférés, de peur d'attraper leur peste. Fuis-les, crois-moi.

FÉLICIE.

Mais, mon oncle, ce sont les seuls du pays que je voie avec plaisir et qui m'amusent.

LE GÉNÉRAL.

Tu crois cela parce que tu ne fais attention qu'au titre et à la fortune. Sais-tu ce qu'était ce fier baron de Castelsot? le fils du maître d'hôtel d'un de mes amis, le duc de la Folotte, ruiné maintenant par ses gens. Le père de ton baron a tant volé, que le fils s'est trouvé riche et a pu jouer à la Bourse, où il a gagné des sommes énormes, plus d'un million, m'a dit mon ami. Il a acheté un titre; sa femme est la fille de l'homme d'affaires du même duc et aussi voleur que le père du baron; elle a hérité de ses parents d'une somme considérable, trois ou quatre cent mille francs, et ils sont venus s'établir dans ce pays, où personne ne les connaît. Ils ont donné au château qu'ils ont bâti le nom de Castelsot, qu'ils ont pris eux-mêmes; leur vrai nom est Futé. Voilà ce que sont tes amis. Tu vois s'ils sont dignes de toi. Ils te flattent, ils te donnent de mauvais conseils et de mauvais exemples; ils sont détestés dans tout le pays et ils te font détester. Tu t'ennuies partout parce que tu dédaignes tout le

Le duc de la Folotte suivi maintenant par ses gens.

monde. Il faut absolument te tirer de là et rompre toute amitié avec ces mauvais garnements. »

Félicie était atterrée. Profondément humiliée de son intimité avec des enfants de voleurs, elle commençait déjà à les détester. L'indignation se peignait sur sa figure.

Son oncle l'examinait en souriant.

« Je vois, ma fille, que tu es disposée à suivre mon conseil et que tu ne te laisseras plus diriger par ces deux petits sots.

FÉLICIE, *avec indignation*.

Je ne veux plus leur parler ni les voir, mon oncle. Mais comment maman a-t-elle fait connaissance avec ces vilaines gens?

LE GÉNÉRAL.

Ta mère ne savait pas les détails que je te donne ; ils sont venus chez elle ; ta mère, qui est toujours polie et aimable, les a bien accueillis, ils sont revenus souvent ; elle a cherché à les éviter, parce que leur orgueil lui déplaisait ; mais toi, tu cherchais à les rencontrer, tu les attirais, et ta mère, par complaisance pour toi, s'est laissé entraîner à les voir plus qu'elle n'aurait voulu. Il sera facile de ne plus les engager et de refuser leurs invitations.

FÉLICIE.

Tant mieux ; et quand ils viendront, je me sauverai.

LE GÉNÉRAL.

Tu auras tort ; il ne faut être grossier pour personne. Tu peux leur témoigner de la froideur, mais sans impolitesse. Et à présent, ma fille, va rejoindre ta bonne.

FÉLICIE.

Mais, mon oncle, j'ai faim, j'ai si peu mangé; c'était si sale chez les Robillard....

LE GÉNÉRAL.

Sale, non; c'était propre et très bon; mais, ajouta-t-il en riant, tu faisais, comme tes amis, la dégoûtée et la difficile; une autre fois tu te comporteras mieux. Va demander à manger à ta bonne, on te servira quelque chose. »

Le général embrassa Félicie, qui était tout étonnée de voir son oncle si bon pour elle. En le quittant, elle lui dit, après quelque hésitation :

« Je vous remercie de votre bonté, mon oncle; à l'avenir je tâcherai d'être polie pour ce pauvre Diloy qui vous a sauvé la vie.

LE GÉNÉRAL.

Tu feras bien, ma petite, et tu me feras grand plaisir. Tu n'auras pas à te repentir de ta bonne résolution. »

Félicie se retira très contente; elle se sentit plus heureuse qu'elle ne l'avait été depuis longtemps.

Un quart d'heure après, Mme d'Orvillet vint rejoindre son frère au salon.

MADAME D'ORVILLET.

Que s'est-il donc passé entre toi et Félicie? Elle a dit deux fois que tu avais été bien bon pour elle et qu'elle ne serait plus méchante pour ce pauvre Diloy. J'ai été aussi étonnée qu'enchantée de ce changement de langage. Comment as-tu fait pour l'adoucir à ce point?

LE GÉNÉRAL.

D'abord en dansant avec elle ce galop effréné, ensuite en perdant les Castelsot dans son esprit. Tu sais ce que je t'ai raconté de ces gens-là ; je lui ai ouvert les yeux sur leur naissance, sur leur fortune, il n'en a pas fallu davantage pour exciter son indignation et pour lui faire prendre tout de suite les sentiments opposés à ceux de ses amis,... qui ne le sont déjà plus. C'est pour ne pas faire comme eux qu'elle a résolu d'être polie pour Diloy. Je parie que, la première fois qu'ils se rencontreront, elle leur rendra les impertinences dont ils ont abreuvé hier les pauvres Robillard et Moutonet.

MADAME D'ORVILLET.

Ce serait très mal à elle ; j'espère qu'elle ne le fera pas. »

M. d'Alban causa longtemps avec sa sœur de Félicie et des événements de la journée. Ils cherchèrent les moyens de tirer Diloy et sa famille de la misère dans laquelle ils étaient plongés.

« Il doit venir me voir demain, dit le général ; nous en causerons avec lui, et nous verrons ce qu'il sait faire et quelle est la position qui pourrait lui convenir.

MADAME D'ORVILLET.

Quel malheur qu'il ait eu cette affaire avec Félicie ! J'aurais pu l'occuper chez moi sans cela.

LE GÉNÉRAL.

Oui, mais il n'y faut pas songer ; ce serait trop désagréable pour cette pauvre fille.

MADAME D'ORVILLET.

Et pour lui-même aussi ; il en est si confus qu'il

y penserait sans cesse et qu'il pourrait en laisser échapper quelque chose. »

Avant de se séparer, M. d'Alban demanda à souper. Mme d'Orvillet tint compagnie à son frère.

LE GÉNÉRAL.

A présent, Hélène, nous pouvons aller nous coucher; mon dîner était bien loin. Je n'aurais pas dormi avec l'estomac creux comme je l'avais. Félicie a-t-elle mangé?

MADAME D'ORVILLET.

Oui, elle a mangé plus que nous encore; elle avait à peine dîné à deux heures; elle mourait de faim. »

Le lendemain après déjeuner, on annonça Diloy, qui attendait M. d'Alban sur le perron.

MADAME D'ORVILLET.

Fais-le venir ici, Albert; nous causerons plus tranquillement, pendant que les enfants jouent dehors avec leur bonne.

LE GÉNÉRAL.

Très bien, chère amie. Amenez Diloy par ici, Flavien. »

Le domestique revint avec Diloy, qui n'osait pas entrer dans le beau salon; les enfants se préparaient à sortir; en apercevant Félicie, Diloy s'arrêta tout court.

FÉLICIE.

Mon oncle vous attend, Diloy; n'ayez pas peur : nous sommes tous bons amis, ajouta Félicie. N'est-ce pas, mon oncle?

LE GÉNÉRAL, *lui souriant avec bonté*.

Oui, grâce à toi, ma chère enfant.

DILOY.

Oh! mademoiselle! c'est-y possible? Jamais je n'oublierai cette bonté; vos bonnes paroles me font un bien dont je ne saurais assez vous remercier. »

Félicie s'aperçut que le brave homme avait les yeux pleins de larmes. Elle lui sourit gracieusement et sortit. Mme d'Orvillet la suivit, l'embrassa à plusieurs reprises et la pressa contre son cœur.

« Continue comme tu as commencé, chère enfant, et tu retrouveras toute notre tendresse. »

En rentrant au salon, elle trouva Diloy encore tout ému.

MADAME D'ORVILLET.

Vous voyez, mon ami, que Félicie ne vous garde plus rancune; ainsi n'y pensez plus et parlons de l'avenir au lieu de songer au passé.

LE GÉNÉRAL.

Assois-toi, mon brave garçon, et causons de ton avenir, comme dit ma sœur. Voyons, assois-toi : n'aie pas peur. »

Diloy obéit et prit une chaise.

LE GÉNÉRAL.

Qu'est-ce que tu fais et qu'est-ce que tu sais faire?

DILOY.

Ma foi, monsieur le comte, je gagne ma vie comme je peux. Faute de mieux, je travaille aux chemins de fer.

LE GÉNÉRAL.

Mais ce n'est pas un état.

DILOY.

C'est vrai, monsieur le comte, mais c'est du pain pour moi et pour mes quatre enfants.

LE GÉNÉRAL.

Que fait ta femme ?

DILOY.

Avec quatre jeunes enfants, monsieur le comte, elle ne peut pas aller en journée ; elle fait le ménage et elle soigne les enfants.

LE GÉNÉRAL.

Combien gagnes-tu ?

DILOY.

Deux à trois francs par jour, ça dépend de l'ouvrage qu'on fait et de l'entrepreneur.

LE GÉNÉRAL.

Que pourrais-tu faire de mieux ? As-tu un état, un métier quelconque ? Que faisais-tu en Algérie quand j'y étais ?

DILOY.

Avant de me marier j'étais jardinier. Quand je me suis rencontré avec monsieur le comte, près d'Alger, j'étais jardinier chez un colon qui s'établissait. Il vendait des légumes, des fruits.

LE GÉNÉRAL.

Connais-tu bien l'état de jardinier ?

DILOY.

Quant à ça, je m'en flatte. Mon père était jardinier chez M. le marquis de Lataste ; et il n'avait pas son pareil dans le pays. Il fallait voir nos légumes et nos fruits ; les plus beaux des environs.

LE GÉNÉRAL.

Pourquoi n'y es-tu pas resté?

DILOY.

Mon père est venu à mourir, monsieur le comte ; j'étais trop jeune : je n'avais pas encore tiré à la conscription. M. le marquis m'a renvoyé et on m'a offert cette place en Algérie. Je suis parti ; mon maître s'y est ruiné. Je m'étais marié ; j'avais déjà deux enfants ; je suis revenu en France ; j'ai vécu comme j'ai pu et je me suis trouvé ici dans le pays, travaillant au chemin de fer.

LE GÉNÉRAL.

Si nous te trouvions une place de jardinier, cela te conviendrait-il?

DILOY.

J'en serais bien heureux, monsieur le comte ; mais ce n'est pas facile à trouver.

LE GÉNÉRAL.

Cela se trouve pourtant ; nous allons nous en occuper, ma sœur et moi.

DILOY.

Je remercie monsieur le comte ; ce serait un grand bonheur pour moi de me trouver placé tranquillement avec ma femme et mes enfants.

LE GÉNÉRAL.

Eh bien, mon ami, cela viendra un jour ou l'autre. En attendant, continue ton métier de chemineau, et, si tu te trouves gêné, viens nous trouver, ma sœur et moi ; nous te viendrons en aide.

DILOY.

Je suis bien reconnaissant à monsieur le comte de

ses bontés pour moi. Tant que j'aurai de l'ouvrage, j'espère bien ne pas avoir à importuner monsieur et madame. Le bon Dieu ne m'a jamais fait défaut; jusqu'à présent ma femme et mes enfants n'ont manqué de rien.

MADAME D'ORVILLET.

Mais, mon pauvre ami, vous manquez de tout! Vous n'avez rien dans votre ménage.

DILOY.

Pourvu que nous ayons du pain et de quoi nous couvrir, nous n'en demandons pas davantage. Avec les cent francs que m'a valu mon ours, nous avons payé notre loyer, le boulanger, ce que nous devions au boucher, à l'épicier, au sabotier, et nous avons encore devant nous les cinquante francs que madame la comtesse a bien voulu nous donner. »

M. d'Alban et sa sœur admiraient la modération du pauvre chemineau, qui se trouvait satisfait de si peu. Ils continuèrent à causer jardinage et travail; et, en se quittant, M. d'Alban voulut donner deux pièces de vingt francs au brave homme, qui les refusa, assurant toujours qu'il ne manquait de rien, qu'il avait de l'argent devant lui.

Quand ils furent seuls, Mme d'Orvillet dit à son frère :

« Albert, tu avais une idée en le questionnant sur ses talents de jardinier; je crois la deviner.

LE GÉNÉRAL.

C'est vrai, j'ai mon idée; mais il nous faut y réfléchir, à cause de l'aventure de cette pauvre Félicie. Je dis nous, parce que je vois que tu as la même pensée que moi.

MADAME D'ORVILLET.

Oui ! et c'est l'effort méritoire de Félicie qui me l'a donnée.

LE GÉNÉRAL.

Nous lui en parlerons à la première occasion. »

« Voici une lettre pour madame », dit la bonne en entrant.

Mme d'Orvillet prit la lettre, la lut et dit :

« Voilà du monde qui nous arrive, Valérie. Ce sont mes nièces Gertrude et Juliette avec leur tante de Saintluc. Vous leur ferez préparer les chambres en face de la mienne ; elles arrivent demain.

LA BONNE.

Je vais avertir la femme de chambre de madame.

MADAME D'ORVILLET.

Très bien ; prévenez aussi Baptiste pour que tout soit prêt aujourd'hui ; elles seront ici demain matin avant onze heures. »

La bonne sortit.

LE GÉNÉRAL.

Je suis très content de cette visite pour Félicie ; Gertrude est si bonne, si raisonnable, et puis elle a tant d'esprit et de gaieté qu'elle se fera aimer de ta fille et qu'elle lui fera certainement du bien.

MADAME D'ORVILLET.

Et pour nous-mêmes Mme de Saintluc nous sera d'une société fort agréable.

LE GÉNÉRAL.

C'est une femme charmante; elle a été veuve très jeune, je crois?

MADAME D'ORVILLET.

Quinze jours après son mariage, M. de Saintluc a été pris d'une fièvre pernicieuse, et il est mort après une maladie de trois jours.

LE GÉNÉRAL.

L'a-t-elle beaucoup regretté?

MADAME D'ORVILLET.

Elle a été affligée pendant quelque temps; mais tu sais que ce mariage lui a été imposé par sa mère; elle n'aimait guère son mari; et puis elle l'avait si peu connu, que son chagrin n'a pas été de très longue durée.

LE GÉNÉRAL.

Et par quel hasard est-ce elle qui nous amène Gertrude, et pas notre sœur?

— Parce qu'Amélie est partie pour les Pyrénées avec son mari; et sa belle-sœur, Mme de Saintluc, lui a proposé de nous amener Gertrude, pour la distraire du chagrin de sa séparation avec sa mère.

LE GÉNÉRAL.

Très bien! Cela me fera plaisir de les revoir. Je n'ai pas vu Mme de Saintluc depuis son mariage, c'est-à-dire depuis dix ans; et quant à Gertrude, elle avait dix ans la dernière fois que je l'ai vue.

MADAME D'ORVILLET.

Elle en a quatorze à présent; c'est une jeune personne tout à fait exceptionnelle pour tout ce qui est beau et bien. Le plus charmant caractère; le cœur le plus aimant, le plus dévoué; l'esprit le plus intelligent, le plus aimable, le plus enjoué; les goûts les plus raisonnables; la piété la plus sage, la plus éclairée.

LE GÉNÉRAL.

Peste! quel portrait tu fais de notre nièce! Si elle avait vingt ans de plus, je l'épouserais tout de suite; je serais sûr d'être le plus heureux des hommes.

MADAME D'ORVILLET, *riant*.

Oui; mais, comme elle a quatorze ans et qu'elle est ta nièce, il faut que tu cherches ailleurs.

LE GÉNÉRAL, *riant*.

Ou bien que je ne cherche pas du tout. J'aime mieux cela; au moins je vis tranquille, je vais où je veux, et je vis comme cela me convient. Je n'aime pas à être tenu.

MADAME D'ORVILLET.

Allons rejoindre les enfants, mon ami, nous ferons une grande promenade.

LE GÉNÉRAL.

Et en revenant, nous préparerons une pêche dans le petit étang pour demain.

MADAME D'ORVILLET.

Tu as raison; nous nous donnerons un plat de poisson. Gertrude, Juliette et nos enfants seront enchantés. »

Tout fut préparé pour la pêche du lendemain; l'étang se trouvait à quelques centaines de pas du château. Les enfants furent très joyeux de cette bonne pensée de leur oncle et de l'arrivée de leurs cousines Gertrude et Juliette qu'on leur annonça pour le lendemain.

XVI

ARRIVÉE DE GERTRUDE

Félicie n'était pas très contente de l'arrivée de Gertrude, dont la simplicité, la bonté, la douceur contrastaient avec sa hauteur et ses habitudes impérieuses. Laurent et Anne étaient très heureux de revoir leurs cousines, Juliette surtout, qui n'avait que huit ans et qui serait leur compagne de jeux.

Longtemps avant l'heure de l'arrivée, les enfants étaient dans l'agitation de l'attente. Laurent demanda à sa bonne s'il y avait des joujoux dans la chambre de Juliette.

LA BONNE.

Non, mon cher petit; il n'y a rien du tout : vous lui prêterez les vôtres quand elle viendra jouer avec vous.

LAURENT.

Mais dans sa chambre elle s'ennuiera.

LA BONNE.

Vous verrez cela avec elle, quand elle sera arrivée.

LAURENT.

Je voudrais bien lui en donner un peu d'avance. Voyons, Anne, qu'est-ce que nous porterons chez Juliette?

ANNE.

Demandons à maman la belle poupée de cire et le beau trousseau que m'a donné mon oncle quand il est arrivé.

LAURENT.

C'est ça! Et moi, je vais lui donner.... Quoi donc? Mon grand cheval?...

LA BONNE.

Ce n'est pas un joujou de fille.

LAURENT.

C'est vrai!... Et mon théâtre avec des personnages?

ANNE.

Ce serait très bien; elle jouera des comédies.

LAURENT.

Et toi, Félicie, qu'est-ce que tu leur donneras?

FÉLICIE.

Je ne leur donnerai rien du tout. Gertrude est trop grande et Juliette est trop petite.

LAURENT.

Si tu mettais chez Gertrude des livres? Par exemple les huit volumes de la *Semaine des enfants*?

FÉLICIE.

Non ; c'est trop beau ; elle les abîmerait.

LAURENT.

Oh! pauvre Gertrude! elle n'aura donc rien?

FÉLICIE.

Elle n'a besoin de rien ; elle apportera avec elle ce qu'il lui faut.

LAURENT.

Tu es avare. Ce n'est pas gentil ça.

FÉLICIE.

Je ne suis pas avare, mais je ne veux pas qu'on me salisse mes beaux livres.

LAURENT.

Je te dis qu'elle les soignera très bien.

FÉLICIE.

Et moi je te dis que je ne veux pas les donner; donne tes affaires si tu veux : moi je garde les miennes.

ANNE.

Alors, puisque tu es si méchante, je vais lui donner JEAN BOURREAU et LES DÉFAUTS HORRIBLES.

FÉLICIE.

Ce sera joliment bête! Gertrude qui a quatorze ans et qui fait la grande dame!

ANNE.

Non ; elle ne fait pas la grande dame; elle est très bonne, bien meilleure que toi.

FÉLICIE.

Tu cherches toujours à me dire des choses désagréables.

ANNE.

Et toi donc? Tu en dis à tout le monde.

FÉLICIE.

Ce n'est pas vrai.

ANNE.

Si, c'est vrai. Le pauvre chemineau, tu as été très méchante pour lui.

FÉLICIE.

Je te prie de ne plus me parler de ce chemineau ; cela m'ennuie.

LAURENT.

Tiens! hier tu lui as donné la main.

FÉLICIE, *embarrassée.*

Ce n'était pas pour lui, c'était pour faire plaisir à mon oncle.

LAURENT.

Pas du tout, pas du tout; c'est parce que tu as été bonne une minute, et parce que tu t'es rappelé qu'il t'a sauvée de l'ours. Et à présent voilà que tu l'oublies de nouveau et que tu redeviens méchante.

FÉLICIE.

Dieu! que ces enfants sont insupportables!

LA BONNE.

Voyons, mes enfants. Laissez votre sœur tranquille ; elle a eu un bon mouvement, j'espère qu'elle en aura d'autres encore, mais il ne faut pas la taquiner là-dessus. Et puis, il ne faut pas l'obliger à donner ses livres à Gertrude parce que vous donnez vos joujoux à Juliette. Quand vos cousines seront ici, je suis bien sûre que Félicie ne refusera pas de prêter ses livres à Gertrude, mais il ne faut pas l'y obliger d'avance.

FÉLICIE.

Certainement que je veux bien les prêter, mais plus tard.

LA BONNE.

Alors c'est très bien ; et que chacun reste maître de ses affaires. »

Laurent et Anne portèrent chez Juliette (qui devait avoir la même chambre que sa sœur) le théâtre et la poupée qui étaient chez leur maman. Ils avaient à peine fini leurs arrangements, qu'on entendit le roulement de la voiture qui arrivait. Ils se précipitèrent tous vers le perron et s'y trouvèrent au moment où l'on ouvrait la portière.

Mme d'Orvillet et le général les aidèrent à descendre de voiture ; Gertrude et Juliette furent embrassées dix et vingt fois.

LAURENT.

Comme tu es grandie, Juliette !

JULIETTE.

Et toi donc ! je ne t'aurais pas reconnu. Anne est aussi très grandie.

FÉLICIE.

Gertrude a la tête de plus que moi.

GERTRUDE.

Tu me rattraperas bientôt. D'ailleurs j'ai presque trois ans de plus que toi.

FÉLICIE.

Oui, tu n'es plus une petite fille : tu es une demoiselle.

GERTRUDE.

Une demoiselle qui est aussi petite fille que toi et que Laurent pour le jeu et les courses dans les champs.

LAURENT.

Ah! tu joues encore?

GERTRUDE.

Comment, si je joue? Demande à Juliette : c'est moi qui suis à la tête de tous les jeux et des dînettes du voisinage.

ANNE.

Et Félicie qui ne veut plus jouer avec nous, parce que nous sommes trop petits et trop bêtes pour elle. »

Félicie devint rouge et embarrassée; Gertrude rougit aussi pour elle et s'écria :

« Tu verras que Félicie apprendra à jouer et à courir tout comme nous. Je lui montrerai différents jeux très amusants.

LE GÉNÉRAL, *embrassant Gertrude.*

Je vois que tu es toujours la bonne, l'excellente Gertrude d'il y a trois ans, lorsque je t'ai quittée.

GERTRUDE.

On m'a fait cette réputation, que je ne mérite guère, mon oncle; on est trop bon pour moi; mais je fais tous mes efforts pour arriver un jour à la mériter. »

On alla au salon; après quelques instants de conversation et après avoir admiré les fleurs qui ornaient les vases et les corbeilles, Mme de Saint-luc demanda à monter dans sa chambre pour se débarrasser de son chapeau et de son mantelet.

Gertrude et Juliette la suivirent, accompagnées par les enfants. Laurent et Anne s'empressèrent de faire voir à Juliette la poupée et son trousseau, le théâtre, etc.

« Et toi, pauvre Gertrude, dit Anne, tu n'as rien. Je t'ai seulement donné JEAN BOURREAU et LES DÉFAUTS HORRIBLES ; c'est très amusant, mais je n'ai plus rien.

GERTRUDE, *l'embrassant*.

Merci, ma bonne petite Anne ; tu es bien gentille. Cela m'amusera beaucoup.

— Veux-tu que je te l'explique tout de suite ? dit Anne, enchantée de la reconnaissance de Gertrude.

GERTRUDE, *souriant*.

Merci, chère petite ; pas à présent, parce que je vais me lisser les cheveux, me laver les mains, et qu'ensuite on va déjeuner. Mais plus tard ; tu m'aideras à comprendre les images.

ANNE.

Oui, oui, je t'aiderai beaucoup, parce que je les connais très bien. »

Laurent et Anne emmenèrent Juliette dans leur chambre pour voir Valérie et les joujoux. Gertrude et Félicie restèrent seules. Félicie était un peu gênée au commencement.

FÉLICIE.

Es-tu fatiguée, Gertrude ?

GERTRUDE.

Fatiguée ? pas du tout ; nous sommes parties à huit heures et nous sommes arrivées à onze. Le voyage n'est pas long.

FÉLICIE.

Et à quelle heure t'es-tu levée ?

GERTRUDE.

A six heures, comme d'habitude. J'ai été à la messe de sept heures, comme toujours ; j'ai déjeuné et nous sommes parties.

FÉLICIE.

Avec qui vas-tu à la messe ?

GERTRUDE.

Avec ma tante de Saintluc quand maman ne peut pas m'y mener. Pauvre maman ! la voilà bien loin de moi. Pourvu que je ne lui manque pas trop ! Elle est si bonne ; elle m'aime tant ! »

Les yeux de Gertrude se remplirent de larmes ; elle voulut sourire à Félicie pour ne pas l'attrister, mais, au lieu de sourire, ce furent des larmes qui coulèrent, et elle pleura.

Félicie la regardait avec surprise.

« Tu pleures pour un mois de séparation ? lui dit-elle.

GERTRUDE.

Je n'ai jamais quitté maman, et je l'aime tant ! »

Félicie ne disait rien. Gertrude essuya ses yeux et chercha à reprendre sa gaieté.

GERTRUDE.

Tu as raison ; c'est bête ! Tu vois comme je suis enfant ; entre nous deux, c'est toi qui es la plus raisonnable. »

Félicie, flattée, l'embrassa. La cloche du déjeuner sonna.

Elle ouvrit son sac de toilette. (Page 189.)

FÉLICIE.

Tu n'as plus qu'un quart d'heure pour t'arranger.

GERTRUDE.

Vite, vite, de l'eau, du savon. »

Elle ouvrit son sac de toilette, en retira ce qu'il lui fallait, lava ses yeux, se lissa les cheveux, remit son filet, se lava les mains après avoir secoué la poussière de sa robe, et fut prête à descendre, gaie et souriante.

Elles retrouvèrent au salon toute la société. Le général la prit par la main et l'emmena dans une embrasure de fenêtre.

« Ma petite Gertrude, tu as pleuré? Est-ce que Félicie...?

GERTRUDE, *vivement*.

Non, non, mon oncle, c'est que j'ai pensé à pauvre maman, et alors....

LE GÉNÉRAL.

Et alors ton cœur s'est fondu, et tu vas recommencer si je continue bêtement à t'interroger. »

Le général l'embrassa encore.

« Sais-tu que tu pourras faire beaucoup de bien à notre pauvre Félicie?

GERTRUDE.

Comment cela, mon oncle?

LE GÉNÉRAL.

Par ton exemple et tes conseils. Je te parlerai de cela plus tard, quand nous serons seuls.

GERTRUDE.

Est-ce qu'elle a toujours un peu... de fierté?

LE GÉNÉRAL.

Plus que jamais, mon enfant.

GERTRUDE.

Ce ne sera rien, mon oncle; cela passera, vous verrez....

LE GÉNÉRAL.

Cela passera peut-être, toi aidant. »

On annonça le déjeuner.

« Tant mieux, dit le général en offrant le bras à Mme de Saintluc; je meurs de faim.

MADAME DE SAINTLUC.

C'est nous qui vous faisons déjeuner trop tard.

LE GÉNÉRAL.

Pas du tout; onze heures et demie est l'heure accoutumée, et c'est pour cela que j'ai si faim.

MADAME DE SAINTLUC, *souriant.*

Ah oui! l'exactitude militaire. »

XVII

GERTRUDE EST CHARMANTE

On fit tellement honneur au déjeuner, que Mme d'Orvillet s'excusa en riant de n'avoir pas commandé pour quinze au lieu de huit.

« J'aurais dû prévoir l'effet du grand air et du bon air de ce pays, et compter chaque convive double.

MADAME DE SAINTLUC.

Mais nous n'avons pas déjà tant mangé, il me semble.

MADAME D'ORVILLET.

Parlez pour vous, Pauline; nous autres, petits et grands, nous avons dévoré.

LE GÉNÉRAL.

Voyons, pas de calomnies et comptons nos

plats,... vides à présent, mais qui contenaient :

Huit litres de potage ;

Un filet de bœuf de dix livres ;

Seize côtelettes sur purée de pois ;

Un pâté de volaille pour vingt ;

Une casserole de haricots verts ;

Une tarte aux cerises, immense ;

Fromage, fruits, compotes ;

Café, thé, chocolat.

Des rires prolongés accueillent ce menu, vrai quant au nombre, mais grossi quant à l'énormité des plats.

MADAME D'ORVILLET, *riant*.

Comme tu exagères, Albert !

LE GÉNÉRAL.

Je dis la pure vérité et j'admire les reproches que tu t'adresses. Nous sommes à demi étouffés, et tu trouves qu'il n'y en a pas encore assez ?

MADAME D'ORVILLET.

Si vous êtes satisfaits, je suis contente. Mes enfants, allez vous promener pendant une heure ; après quoi, nous irons pêcher.

LAURENT.

Nous préparerons les vers pour les lignes pendant que vous vous reposerez, maman.

JULIETTE.

Quels vers ? Où les prendras-tu ?

LAURENT.

Dans le potager ; en bêchant on en trouve une quantité.

JULIETTE.

Allons, allons, ce sera très amusant.

FÉLICIE.

Est-ce que tu vas y aller aussi, Gertrude ?

GERTRUDE.

Certainement, je les aiderai. Je me charge de bêcher.

FÉLICIE.

Mais c'est dégoûtant ; il faut faire faire cet ouvrage par le jardinier.

ANNE.

Ce sera bien plus amusant de le faire nous-mêmes.

LAURENT.

Et puis, il faut laisser déjeuner le pauvre jardinier.

FÉLICIE.

Il pourrait bien déjeuner plus tard ; il ne mourra pas pour attendre une heure.

GERTRUDE.

Mais pourquoi faire attendre ce pauvre homme, puisque nous pouvons bêcher nous-mêmes. Viens, ma bonne Félicie, donne-moi le bon exemple. (*Tout bas.*) J'ai besoin que tu m'encourages, car je trouve comme toi que ces vers sont un peu dégoûtants à ramasser. (*Haut.*) Allons, c'est Félicie qui est notre chef ; elle nous mène, obéissons-lui. »

Félicie hésita un instant ; cédant au sourire encourageant de Gertrude, elle se mit pourtant à la tête de la bande, qui partit en courant, devançant son chef.

GERTRUDE.

Merci, Félicie ; je fais comme toi, je me dévoue. »

Félicie se mit à courir, Gertrude la suivit; on se mit au travail; chacun bêcha, ramassa les vers. Gertrude fit semblant d'admirer le courage de Félicie et de vouloir l'imiter, tandis que, par le fait, c'était elle qui entraînait sa cousine.

L'heure était passée; il était temps de rejoindre les parents. Il y avait une boîte pleine de vers, mais les mains étaient sales; Gertrude donna l'idée de les laver dans le bassin.

« Commençons nous deux, Félicie, puis nous ferons laver les mains aux petits.... Petits, ajouta-t-elle, notre chef vous ordonne d'attendre que nos mains soient lavées, pour ne pas salir vos habits pendant que nous vous tiendrons.

LAURENT.

Pourquoi ça nous tenir?

GERTRUDE.

Pour que vous ne fassiez pas la culbute dans le bassin en vous lavant les mains. »

Tout se fit avec ordre; quand les mains de Gertrude et de Félicie furent propres et essuyées avec leurs mouchoirs, elles firent avancer les petits en ligne; ils barbotèrent tant qu'ils voulurent, et tous se mirent à courir pour rejoindre leurs parents, qui étaient prêts et qui les appelaient.

Un domestique fut chargé de porter les lignes, la boîte de vers et un seau pour y mettre le poisson. On se mit en route, les enfants courant en avant et jouant, sautant à qui mieux mieux, Gertrude en tête.

Le général jeta un regard connaisseur sur l'étang

Le général jeta un regard connaisseur sur l'étang.

et ses bords ; il reconnut tout de suite les meilleurs endroits, y plaça Gertrude, Juliette, Laurent et Anne, et donna à Félicie le poste le moins avantageux.

« Quant à moi, dit-il, je promènerai ma ligne de tous côtés et je surveillerai les pêcheurs, de crainte d'accident. »

Gertrude prit un poisson au bout de cinq minutes, puis un second et un troisième, pendant que Laurent et Anne, quoique aidés par leur bonne, n'en avaient qu'un, et Félicie pas un seul ; le poisson ne mordait même pas à son hameçon.

« On m'a donné la plus mauvaise place, dit-elle d'un air mécontent.

GERTRUDE.

Veux-tu la mienne ? Je suis fatiguée.

FÉLICIE.

Fatiguée ! Déjà ? Tu n'es pas forte sur la pêche.

GERTRUDE.

Non, j'ai toujours été maladroite.

LE GÉNÉRAL.

Et pourtant tu as déjà pris trois poissons.

GERTRUDE.

Parce qu'ils se sont entêtés à se laisser prendre, mon oncle ; je ne tire jamais à temps. S'il en venait un gros, je suis sûre que je le laisserais échapper ; Félicie, qui est adroite, s'en tirera beaucoup mieux que moi. »

Et Gertrude passa sa ligne à Félicie, qui la prit avec empressement.

« Bonne fille ! lui dit le général. Ta tante Hélène a bien raison.

GERTRUDE.

En quoi, mon oncle?

LE GÉNÉRAL, *souriant.*

En quelque chose qui te regarde, mais que je ne te dirai pas. Viens faire un tour de promenade avec moi : il fait un temps magnifique, et j'ai beaucoup de choses à te dire. »

Le général voulait en effet mettre Gertrude au courant du défaut principal du caractère de Félicie, et des conséquences fâcheuses d'un orgueil que la société des petits Castelsot avait beaucoup augmenté.

Le général raconta à Gertrude plusieurs traits d'impertinence de sa cousine et des Castelsot, dont il lui fit l'histoire. Pendant ce récit, un homme, venant à leur rencontre, salua et se rangea pour laisser passer l'oncle et la nièce.

LE GÉNÉRAL.

Ah! c'est toi, mon brave Diloy ; je suis bien aise de te rencontrer pour te faire connaître à ma nièce Gertrude, la meilleure fille que j'aie jamais rencontrée. »

Gertrude salua d'un air gracieux.

LE GÉNÉRAL.

Sais-tu, ma fille, qui je te présente? Un homme qui, par son courage, m'a sauvé la vie il y a quelques années, en Algérie. »

Et M. d'Alban lui raconta en peu de mots l'histoire des trois Bédouins.

Gertrude dit à Diloy d'une voix émue :

« Je ne sais pas encore votre nom, mon brave

homme, mais je vous regarde comme de la maison. Jamais je n'oublierai ce que nous vous devons.

LE GÉNÉRAL.

Tu lui dois plus que tu ne penses ; il en a secouru d'autres que moi ; je te raconterai cela. Ce brave Diloy! Il ne se sauve pas devant le danger, celui-là!

GERTRUDE.

Diloy! C'est un nom que je n'oublierai certainement pas.

DILOY.

Vous êtes trop bonne, mam'selle ; oh oui ! bien bonne. Cela se voit à votre figure si aimable.

LE GÉNÉRAL.

Où allais-tu comme ça, mon ami?

DILOY.

Je venais dire à monsieur le comte qu'on me propose du travail ; avant d'accepter, je voudrais consulter monsieur le comte, qui me dirait si c'est du solide, du bon.

LE GÉNÉRAL.

Bien, mon ami ; peux-tu attendre une heure?

DILOY.

Mon Dieu oui, monsieur le comte ; aussi bien, ma demi-journée est perdue à cause de ce monsieur qui m'a demandé, et qu'il m'a fallu aller voir.

LE GÉNÉRAL.

Bien ; en m'attendant, va, je t'en prie, du côté de l'étang ; tu y trouveras ma sœur et les enfants, qui pêchent à la ligne ; tu leur donneras un coup de main s'ils en ont besoin; et, en cas d'accident,... je compte sur toi, ajouta le général en lui tendant la main.

DILOY.

Quant à ça, monsieur le comte n'a pas à s'inquiéter; moi qui suis affectionné aux enfants, je ne les laisserai pas avoir du mal; monsieur le comte a raison de compter sur moi. Au revoir, monsieur le comte et mademoiselle.

— Au revoir bientôt, Diloy, dit Gertrude avec un sourire.

— En voilà une qui est aimable! murmura Diloy en s'en allant.

GERTRUDE.

Mon oncle, qui donc ce bon Diloy a-t-il encore sauvé?

LE GÉNÉRAL.

Parbleu! rien que ta tante Hélène, Félicie, Laurent et Anne. »

Et il raconta à Gertrude la visite du chemineau au château de Castelsot, la rencontre dans la forêt, le combat contre l'ours et l'ingratitude de Félicie, un peu atténuée par son bon mouvement de la veille.

« L'excellent, le brave homme! s'écria Gertrude. Mais je ne comprends pas deux choses, mon oncle : d'abord la visite chez les Castelsot, et puis l'aversion de Félicie.

LE GÉNÉRAL.

Aïe, aïe! je me suis fourvoyé.... Pour te faire comprendre le tout, je dois commettre une indiscrétion.... Et pourtant il ne faut pas te laisser croire Félicie plus mauvaise qu'elle ne l'est.... Ma foi, tant pis, je vais te dire tout. Tu es discrète, j'en suis sûr. Es-tu discrète ?

GERTRUDE.

J'espère que oui, mon oncle ; il me semble que je ne parlerai jamais de ce que vous m'aurez dit sous le sceau du secret.

LE GÉNÉRAL.

Bon ; alors je vais t'expliquer ce que tu ne peux pas comprendre. »

M. d'Alban lui raconta la rencontre fatale de Félicie avec le chemineau ; les regrets de ce dernier ; ses excuses, son vif désir de réparer le mal qu'il avait fait ; sa discrétion, sa conduite délicate ; le ressentiment de Félicie, l'effort qu'elle avait fait la veille et l'avant-veille pour parler amicalement à cet homme qui s'était oublié dans son ivresse au point de la frapper ; ensuite, sa rencontre à lui avec le brave Diloy à la noce des Robillard ; toutes les impertinences de Félicie et des Castelsot, et enfin sa dernière conversation avec Félicie au retour de la noce et le lendemain.

« Pauvre Félicie ! dit Gertrude. Je comprends ce qu'elle a dû éprouver ; c'est beau à elle d'avoir pardonné une si grande offense et une si terrible humiliation.

LE GÉNÉRAL.

Qu'aurais-tu fait, toi, à sa place ?

GERTRUDE, *avec hésitation*.

Je ne sais pas trop, mon oncle.....Vous savez

que je n'ai pas le même caractère que Félicie....

LE GÉNÉRAL, *vivement*.

Oh! pour cela, non!... Mais aurais-tu pardonné et oublié? c'est-à-dire bien pardonné? du fond du cœur?

GERTRUDE, *rougissant*.

Mon oncle,... je ne peux jamais garder rancune à personne,... surtout si je vois qu'on regrette le mal qu'on a fait. Oh! alors, non seulement je me sens obligée de pardonner, mais je me sens attirée d'affection vers mon ennemi, et je l'aime comme un ami. »

Son oncle la saisit dans ses bras et l'embrassa à plusieurs reprises en disant :

« Cœur admirable! Admirable nature! Hélène avait bien raison. »

Gertrude ne demanda plus en quoi sa tante avait raison; elle devinait et rougissait, ne croyant pas mériter ces éloges.

XVIII

ENCORE LE CHEMINEAU SAUVEUR

Pendant que M. d'Alban causait avec sa nièce, Diloy était arrivé à l'étang; il dit à Mme d'Orvillet que c'était par ordre de M. d'Alban qu'il venait offrir ses services; les deux petits le reçurent avec joie.

« Qui est ce brave homme? demanda Juliette.

ANNE.

C'est le bon chemineau.

JULIETTE.

Quel chemineau? Qu'est-ce que c'est qu'un chemineau?

LAURENT.

Un chemineau, c'est un homme qui travaille au chemin de fer.

JULIETTE.

Et pourquoi dis-tu *bon* chemineau? Qu'est-ce qu'il a de si bon?

ANNE.

Tu ne sais donc pas qu'il nous a sauvés de l'ours?

JULIETTE.

Non; quel ours?

ANNE.

L'ours échappé qui voulait nous manger.

JULIETTE.

Ah! mon Dieu! Raconte-moi cela. Je ne sais rien, moi.

ANNE.

Laurent va te raconter; moi, je ne sais pas très bien. Raconte, Laurent.

LAURENT.

Eh bien, voilà. Le chemineau était couché dans le bois où nous passions avec maman.

JULIETTE.

Quel bois? Il y a donc des ours par ici?

LAURENT.

Je crois bien! Un ours énorme, avec une bouche énorme, des griffes énormes. Et le chemineau dit à maman : « Il y a un ours par ici; un ours échappé ».

JULIETTE.

D'où était-il échappé?

LAURENT.

De sa cage où on le montrait. Et le chemineau dit qu'il va venir avec nous pour tuer l'ours.

ANNE.

Qui voulait nous manger.

LAURENT.

Et voilà que nous allons; nous avions bien peur, comme tu penses.

ANNE.

Et maman aussi.

LAURENT.

Laisse-moi parler, tu m'empêches. Et voilà l'ours qui hurle et qui arrive, et le chemineau se jette devant nous, et l'ours se jette sur lui; tu juges comme nous avions peur!

ANNE.

Et maman aussi.

LAURENT.

Mais tais-toi donc. Le chemineau n'a pas peur; il se jette sur l'ours et lui enfonce dans la bouche un petit bâton pointu qui entre dans sa langue et dans son palais. L'ours ne peut plus fermer la bouche; il crie horriblement; le chemineau lui jette une corde qui l'étrangle; l'ours donne des coups de griffes au bon chemineau, qui le bat tant qu'il peut avec un autre bâton très gros. L'ours tombe et griffe toujours; le chemineau le bat toujours. L'ours fait semblant d'être mort.

ANNE.

Il était mort tout de bon.

LAURENT.

Mais non, puisqu'il est encore vivant. Le chemineau lui met une chaîne; il tire tant qu'il peut; l'ours ne crie plus, ne bouge plus. Le chemineau lâche un peu la chaîne et lui attache les pattes avec la corde. L'ours grogne et bouge un peu; le chemineau le bat encore horriblement; le pauvre chemineau est couvert de sang.

ANNE.

Les jambes seulement.

LAURENT.

C'est bien assez, les jambes. Alors nous pleurons.

ANNE.

Et maman aussi. Pas Félicie.

LAURENT.

Laisse-moi donc raconter.

ANNE.

Tu oublies toujours maman.

LAURENT.

Je n'oublie pas; j'aurais dit après.

ANNE.

Il vaut mieux dire tout de suite.

LAURENT.

Non, ça dérange. Alors maman lui attache nos mouchoirs autour des jambes.

JULIETTE.

A l'ours?

LAURENT.

Non, au chemineau. Maman attache le mouchoir.

ANNE.

Pas celui de Félicie.

LAURENT.

Ça ne fait rien; laisse-moi parler. Puis maman nous prend par la main.

ANNE.

Pas Félicie.

LAURENT.

Mon Dieu, Anne, que tu es ennuyeuse! Félicie courait après nous. Et maman envoie Saint-Jean avec la carriole pour ramener l'ours et le pauvre chemineau tout en sang.

JULIETTE.

Pourquoi n'a-t-on pas tué l'ours?

LAURENT.

Parce que le maître avait promis cent francs pour qu'on lui ramène son ours, et le pauvre chemineau, qui est pauvre, voulait gagner cent francs.

ANNE.

Et puis encore, tu oublies que le chemineau a sauvé mon oncle des méchants Bédouins.

JULIETTE, *effrayée*.

Comment! vous avez aussi des Bédouins par ici?

LAURENT.

Non, c'était en Algérie. Comment veux-tu, Anne, que je raconte tout à la fois? Et puis, j'ai oublié l'histoire des Bédouins; je ne sais plus comment il l'a sauvé.

ANNE.

Ah bien! mon oncle le dira à Juliette.

JULIETTE.

C'est très effrayant, tout cela. Le vilain ours! Pauvre chemineau! Je voudrais bien le voir.

LAURENT.

Viens, il est là avec Félicie. »

Diloy était en effet près de Félicie, qui se tenait

tout au bord de l'étang, et qui se penchait en avant pour allonger sa ligne. Elle avait été contrariée de voir approcher le chemineau; ses bons sentiments étaient déjà effacés; elle avait repris son ancienne irritation contre lui.

Quand Diloy lui dit : « Bonjour, mam'selle; c'est votre oncle qui m'envoie pour vous aider », Félicie ne lui répondit pas et le regarda de son air hautain.

DILOY.

Prenez garde de tomber, mam'selle; vous êtes bien près du bord, et vous êtes bien penchée en avant.

FÉLICIE.

Je n'ai pas besoin qu'on me conseille; je sais pêcher.

DILOY.

Je ne me permets pas de vous donner des conseils, mademoiselle. Je vous préviens seulement du danger.

FÉLICIE.

Il n'y a pas de danger, et maman et ma bonne sont là pour venir à mon secours si j'en ai besoin.

DILOY.

Mais si vous tombez à l'eau, mademoiselle, ce ne serait pas votre maman ni votre bonne qui pourrait vous repêcher; l'eau est profonde à cet endroit : il y en a plus de deux mètres.

FÉLICIE.

Je vous prie de ne pas vous inquiéter de moi.

Laissez-moi ; vous faites peur au poisson avec votre grosse voix.

DILOY.

Qu'est-ce qui vous a donc retourné contre moi, mademoiselle ? Hier vous aviez été si gentille et si bonne. »

Au moment où Félicie se tournait avec violence vers le pauvre chemineau, son pied glissa ; elle eut à peine le temps de pousser un cri terrible :

« Diloy ! au secours ! »

Et elle disparut au fond de l'étang.

Diloy s'élança après elle, la rattrapa dans ses bras ; mais le bord était trop escarpé, il dut nager jusqu'à un endroit où il était possible d'aborder. Il eut soin de soutenir Félicie d'une main, tandis qu'il nageait de l'autre bras ; il la déposa sur l'herbe au milieu des cris des enfants, de Mmes d'Orvillet et de Saintluc qui accouraient au secours de Félicie.

Elle n'avait pas perdu connaissance ; elle était seulement étourdie par l'eau et par la terreur. Quand elle fut remise et sur pied, elle regarda autour d'elle et se jeta dans les bras du pauvre chemineau qu'elle venait de repousser si durement ; elle l'embrassa à plusieurs reprises.

« Diloy ! mon bon Diloy ! sans vous j'étais perdue ! C'est bien vous qui m'avez sauvée ! »

Le pauvre Diloy, heureux du service qu'il avait rendu et de la reconnaissance que lui témoignait Félicie, l'assurait qu'il n'avait fait que son devoir, et la trouvait bien bonne de lui adresser des remerciements.

M. d'Alban et Gertrude avaient entendu le cri de Félicie, ceux des enfants, de la bonne et de Mme d'Orvillet. Ils accouraient en toute hâte et furent surpris de voir Félicie ruisselant d'eau. En quelques mots on leur expliqua ce qui était arrivé.

« Oh! Félicie, lui dit Gertrude, quelle terreur j'ai éprouvée en entendant ton cri d'angoisse! »

Et Gertrude serra les mains de Diloy dans les siennes.

« Bon Diloy, de quel malheur vous nous avez préservés! »

Mme d'Orvillet pleurait; à son tour elle remercia avec émotion le sauveur de sa fille. Les enfants voulurent tous l'embrasser. Le pauvre homme était si ému qu'il ne pouvait prononcer une parole. Le général lui secoua vivement la main, et, lui prenant le bras :

« Viens, mon ami, viens boire un verre de vin chaud pour te remonter, et changer de vêtements. Ces dames vont s'occuper de notre petite Félicie.

DILOY.

Vous êtes mille fois trop bon, monsieur le comte, je ne mérite pas tout cela. Ce n'est pas une grande affaire que de repêcher un enfant quand on sait nager.

LE GÉNÉRAL.

Viens toujours, mon ami; je vais envoyer un homme à cheval demander d'autres vêtements à ta femme.

DILOY.

C'est inutile, monsieur le comte; je me sécherai

Diloy s'élança après elle, la rattrapa dans ses bras. (Page 209.)

bien au feu de la cuisine, si vous voulez bien le permettre.

LE GÉNÉRAL.

Ce serait trop long, mon ami ; il te faut des vêtements secs.

DILOY, *avec embarras.*

Mais, monsieur le comte, c'est que..., c'est que... je n'en ai pas de rechange.

LE GÉNÉRAL, *surpris.*

Pas de rechange ! Tu n'en as pas d'autres chez toi ?

DILOY.

Non, monsieur le comte ; j'ai sur mon dos tout ce que je possède.

LE GÉNÉRAL, *attendri.*

Pauvre homme ! Viens, mon ami, viens toujours, nous arrangerons cela. »

Tout le monde rentra au château. Pendant que Mme d'Orvillet faisait boire à Félicie une tasse de tilleul avec quelques gouttes d'arnica et qu'on en faisait prendre à tous les enfants pour les remettre de la frayeur qu'ils avaient eue, M. d'Alban fit allumer un bon feu dans la cuisine, fit avaler à Diloy un grand verre de vin chaud sucré, et fit apporter un de ses vêtements, complet en drap gris. Il obligea Diloy, malgré sa résistance, à enlever tous ses vêtements mouillés ; et, après l'avoir fait frictionner avec une flanelle, il lui fit endosser une belle chemise et l'habillement complet qu'avait apporté son valet de chambre. Le tout allait parfaitement à Diloy, qui était grand et mince comme

M. d'Alban. Diloy se confondit en remerciements et en excuses du mal qu'on se donnait pour lui; malgré son embarras, il ne pouvait dissimuler la joie qui éclatait sur son visage en se voyant si beau.

LE GÉNÉRAL.

Là! Te voilà superbe! Ce seront tes habits du dimanche; je me charge du reste. Maintenant, viens chez moi : nous allons parler affaires. »

Diloy suivit M. d'Alban, qui donna ordre à son valet de chambre de prévenir sa sœur qu'il l'attendait; elle ne tarda pas à venir, et ils commencèrent leur conférence.

XIX

BEAU PROJET DÉTRUIT PAR FÉLICIE

LE GÉNÉRAL.

Voyons, mon brave garçon, assois-toi et dis-moi quelle est la place qu'on t'a offerte?

DILOY.

C'est chez un fabricant de chaussons, monsieur le comte; on m'offre le logement, le chauffage et deux francs cinquante par journée de travail.

LE GÉNÉRAL.

De combien d'heures la journée?

DILOY.

Douze heures, monsieur le comte.

LE GÉNÉRAL.

C'est deux de trop. As-tu les dimanches et fêtes?

DILOY.

Ce n'est pas de droit. On peut exiger que je travaille dans les temps pressés.

LE GÉNÉRAL.

Et c'est toujours temps pressé pour MM. les fabricants. Et les enfants, les occupe-t-on?

DILOY.

Quand ils ont dix ans, monsieur le comte, on leur donne de l'ouvrage à cinquante centimes par jour.

LE GÉNÉRAL.

Le travail est-il fatigant, difficile?

DILOY.

Sauf qu'on est assis tout le temps du travail, ce n'est pas trop dur.

LE GÉNÉRAL.

Et les enfants, travaillent-ils dehors?

DILOY.

Non, monsieur le comte, à l'atelier; ils ne sortent pas.

LE GÉNÉRAL.

Et ont-ils leur dimanche? Peuvent-ils aller au catéchisme, à l'école, dans la semaine?

DILOY.

Pas quand on a besoin d'eux.

LE GÉNÉRAL.

Et on aura toujours besoin d'eux. Écoute, Diloy, plutôt que d'entrer là dedans et y fourrer tes enfants, reste chemineau et travaille à la terre. Tu perdras tes enfants; ils n'auront aucune religion, aucune instruction; ils seront chétifs et malingres.

Toi-même tu y perdras ta religion, que tu ne pourras guère pratiquer.

DILOY.

J'ai déjà pensé à cela, monsieur le comte : c'est pourquoi j'ai voulu vous en parler avant d'accepter. Pour moi, le bon Dieu me donnerait de la force; mais les enfants! ces pauvres enfants dont je réponds; j'ai leur âme à garder, et dans ces maisons de fabrique on rencontre tant de mauvais sujets, que ça fait peur.

LE GÉNÉRAL.

Surtout quand le chef est un homme sans foi ni loi. Je connais ce chef de fabrique, M. Bafont. C'est un gueux qui ne croit à rien, qui ne songe qu'à gagner de l'argent. Il se moque de l'ouvrier et de sa moralité; lui-même mène une conduite pitoyable, et je te conseille de refuser ses offres.

DILOY.

C'est ce que je ferai, monsieur le comte. Ce conseil me va et je le suivrai. »

Diloy se leva pour partir.

LE GÉNÉRAL.

Attends donc, mon brave garçon. Tu es bien pressé; nous avons aussi quelque chose à te proposer. C'est ma sœur qui va t'en parler.

MADAME D'ORVILLET.

Vous nous avez dit hier, mon ami, que vous connaissiez l'état de jardinier. J'en cherche un; le mien est trop vieux pour continuer son travail; croyez-vous pouvoir le remplacer?

DILOY.

« Je serais bien, bien heureux, ma bonne chère dame, de me trouver à votre service ; et quant à savoir l'état de jardinier, légumes, fruits, fleurs, arbres, j'en réponds ; mais... je craindrais. »

Diloy baissa la tête et ne continua pas.

LE GÉNÉRAL.

Quoi, mon garçon, que craindrais-tu ?

DILOY.

J'aurais peur que Mlle Félicie....

LE GÉNÉRAL.

Félicie ? Je réponds d'elle à présent. Depuis deux jours elle est tout autre.

DILOY, *tristement*.

Elle ne m'a pas encore pardonné, monsieur le comte. Si monsieur le comte l'avait vue et entendue quand, d'après les ordres de monsieur le comte, je suis venu près d'elle, à l'étang, il verrait bien que la pauvre petite a beau faire effort, elle a toujours sur le cœur mon inconvenance du mois dernier.

LE GÉNÉRAL.

Je ne savais pas cela. Mais tu as bien vu comme elle s'est jetée dans tes bras, comme elle t'a embrassé quand tu l'as tirée de l'eau, et cela, c'est bien de son propre mouvement : personne ne le lui a seriné.

DILOY.

Je sais bien, monsieur le comte, et j'en suis bien heureux et reconnaissant. Mais je crains la réflexion pour elle. Qu'est-ce que je suis ? Un

« C'est un gueux qui ne croit à rien. » (Page 217.)

pauvre *paysan*, comme elle dit, une brute qui l'a fortement offensée, qui l'a battue. Elle ne l'oubliera pas, allez.

LE GÉNÉRAL.

Elle l'a oublié; tout cela est resté au fond de l'eau. Tu n'es plus pour elle que son sauveur, celui de sa mère, de son frère, de sa sœur et le mien. Que veux-tu de plus? Ce sont de brillants états de service, va; et c'est pourquoi nous voulons, ma sœur et moi, te garder avec nous, chez nous, jusqu'à la fin de tes jours et de ceux de tes enfants.

MADAME D'ORVILLET.

Écoutez, mon ami, revenez nous voir demain pour terminer; vous verrez que Félicie vous a bien sincèrement pardonné et qu'elle vous verra avec plaisir entrer chez nous.

DILOY.

Que le bon Dieu vous entende et m'exauce, ma bonne chère dame! Ce serait le bonheur de toute ma vie et l'avenir assuré de ma brave femme et de nos chers enfants. Il faut donc que je revienne demain?

MADAME D'ORVILLET.

Oui, certainement, demain à midi; vous déjeunerez au château, je vous ferai voir vos futurs logements, et nous prendrons nos derniers arrangements. »

Diloy, convaincu enfin par les paroles si positives de Mme d'Orvillet, laissa éclater sa joie autant que le lui permettait son respect pour ses *futurs maîtres*. Peu s'en fallut qu'il ne se jetât au cou de M. d'Alban et qu'il ne baisât les mains de Mme d'Orvillet. Il sortit pourtant d'un pas modéré; mais, quand il fut hors du château, M. d'Alban et sa sœur, qui se trouvaient près de la fenêtre, le virent bondir et courir comme un cerf pour arriver plus tôt près de sa femme et lui faire part de ses espérances. Il n'osait encore lui dire que c'était une affaire conclue, mais il le croyait et il en était comme fou de joie.

« J'irai brûler un cierge à Notre-Dame de Bonne-Espérance, dit-il à sa femme, et demain, avant d'aller conclure, j'irai faire une petite prière à l'église.

LA FEMME.

Et au bon saint Gilles et à la bonne sainte Suzanne.

DILOY.

Et je demanderai à M. le curé un Évangile qu'il dira sur ta tête. »

Pendant que M. d'Alban et Mme d'Orvillet payaient leur dette de reconnaissance en assurant l'avenir et le bonheur du brave Diloy, les enfants causaient tous de l'aventure de Félicie.

LAURENT.

Je voudrais bien que maman gardât chez nous ce bon Diloy; il serait si content.

FÉLICIE, *vivement*.

Je ne crois pas qu'il en ait envie; il aimera bien mieux qu'on lui donne de l'argent.

LAURENT.

Et toi, Gertrude, qu'est-ce que tu crois?

GERTRUDE.

Je ne sais pas du tout ce que je dois croire, puisque je ne connais pas Diloy.

LAURENT.

Ne trouves-tu pas qu'il a l'air très bon et qu'il nous aime beaucoup?

GERTRUDE.

Je trouve, en effet, qu'il a l'air de vous être très dévoué et très attaché; ce qu'il a fait le prouve bien, du reste.

LAURENT.

Tu vois, Félicie?

FÉLICIE.

Cela ne prouve pas qu'il ait envie de rester chez nous. Je crois qu'il trouve plus agréable de rester chemineau.

LAURENT.

Nous verrons cela. Je le lui demanderai.

FÉLICIE.

Je te prie, Laurent, de ne pas lui en parler.

LAURENT.

Pourquoi ça? Nous saurons alors ce qu'il aime mieux.

FÉLICIE.

Cela engagerait maman à le prendre; avec cela que mon oncle l'aime beaucoup.

LAURENT.

Et toi, tu ne l'aimes pas. Ce pauvre homme! il t'a sauvée deux fois!

ANNE.

Pourquoi ne l'aimes-tu pas? Il est si bon! Et

pourquoi l'as-tu embrassé, si tu ne l'aimes pas?

FÉLICIE, *rougissant.*

Je l'ai fait sans y penser, parce que j'avais eu très peur. C'est une bêtise que j'ai faite.

GERTRUDE.

Oh non! ma bonne Félicie, ce n'est pas une bêtise; c'est un bon mouvement de ton cœur et tu as très bien fait de t'y laisser aller.

FÉLICIE.

Tu ne trouves pas ridicule que j'aie embrassé un pauvre chemineau?

GERTRUDE.

Bien au contraire; tu lui dois trop pour ne pas le traiter avec amitié, et j'ai vu que tout le monde t'approuvait.

FÉLICIE.

Tu crois qu'on ne se moquera pas de moi?

GERTRUDE.

Se moquer de toi? Dans un pareil moment? Personne ne peut avoir un assez mauvais cœur pour rire d'une action belle et touchante. »

Félicie commençait à être ébranlée; elle avait confiance en Gertrude et elle éprouvait même de l'amitié pour cette aimable cousine. Elles continuèrent leur conversation, qui fut interrompue par M. d'Alban.

LE GÉNÉRAL.

Ma petite Félicie, ta maman te demande; elle t'attend dans ma chambre.

FÉLICIE.

Viens-tu, Gertrude?

GERTRUDE.

Ma tante a peut-être quelque chose de particulier à te dire; je craindrais de vous gêner.

LE GÉNÉRAL.

Rien que tu ne puisses entendre, ma bonne fille. Je crois même qu'elle sera bien aise que tu viennes avec Félicie.

GERTRUDE.

Dans ce cas, je serai très contente de faire une visite à ma tante et à vous, mon bon oncle, » ajouta-t-elle en l'embrassant.

Ils trouvèrent Mme d'Orvillet seule, Mme de Saintluc était encore dans sa chambre.

MADAME D'ORVILLET.

Ah! te voilà avec Félicie, ma bonne Gertrude; je suis bien aise que tu assistes à notre conseil, car nous allons traiter une question très importante. Viens m'embrasser, ma petite Félicie. Je suis bien contente de toi; tu as montré du cœur, et je ne doute pas que tu ne sois contente de l'idée dont je veux te parler.

FÉLICIE, *riant*.

A moi, maman, vous allez me demander conseil?

MADAME D'ORVILLET, *souriant*.

Certainement, et je me soumettrai à ta décision. Mon idée dépend donc de toi. Tu sais les services énormes que nous a rendus Diloy; l'aversion que tu avais pour lui a disparu entièrement, je pense, devant son dévouement et l'affection qu'il paraît avoir pour toi. Tu souris et tu doutes; mais tu aurais tort de ne pas y croire. Aujourd'hui encore il t'en a donné une bonne preuve. Ton oncle et moi, nous voulons lui en témoigner notre reconnaissance et nous avons pensé à le garder ici comme jardinier : seulement, comme je ne veux pas t'imposer une chose qui pourrait t'être pénible (tu sais pourquoi), je veux que tu me dises franchement si ce projet te plaît ou te déplaît. »

Félicie garda le silence et resta immobile et les yeux baissés.

MADAME D'ORVILLET.

Hé bien! mon enfant, quelle est ton impression?

FÉLICIE.

Je ne sais pas, maman, je ne peux pas dire.

MADAME D'ORVILLET.

Comment! Tu ne sais pas s'il te serait agréable ou désagréable de voir Diloy établi chez nous comme jardinier?

FÉLICIE, *hésitant et très bas.*

Si, maman, je sais que cela me serait très désagréable.

MADAME D'ORVILLET.

Je n'entends pas bien; tu dis agréable, n'est-ce pas?

FÉLICIE.

Non, maman, très désagréable.

MADAME D'ORVILLET, *tristement.*

Alors, ma pauvre fille, la question est décidée. Je le regrette pour toi, qui te montres ingrate, et pour lui, qui eût été si heureux; mais je ne t'en veux pas; ton cœur n'est pas encore ce que j'espérais; cela viendra, je pense. En attendant, nous allons chercher une autre position pour Diloy. Va, mon enfant, va t'amuser avec ta cousine. »

Félicie sortit avec Gertrude.

XX

FÉLICIE RACCOMMODE CE QU'ELLE A BRISÉ

GERTRUDE.

Pourquoi as-tu dit cela à ma tante, Félicie? et si tu avais réfléchi avant de donner ta réponse, tu aurais parlé tout autrement. Toi-même quand tu as été sauvée par ce pauvre homme, tu as été très juste, très bonne, très naturelle; ma tante devait penser que tu serais la première à te réjouir de son charitable projet, et voilà que tu le rejettes presque avec dureté.

FÉLICIE.

Tu ne me blâmerais pas si tu savais ce qui s'est passé.

GERTRUDE.

Je n'ai pas besoin de connaître le passé pour

savoir qu'il t'a sauvé la vie, que tu dois en être reconnaissante et que ma tante et mon oncle sont très peinés de ton refus.

FÉLICIE.

Écoute, Gertrude, j'ai en toi une grande confiance et je vais te confier ce qui ne doit être su de personne ; c'est un grand secret ; promets-moi de ne pas en parler ; maman et mon oncle le savent, mais personne d'autre.

GERTRUDE.

Je te le promets bien volontiers, ma bonne Félicie. Sois tranquille ; ce ne sera pas moi qui trahirai ta confiance, dont je suis très fière. »

Félicie lui raconta tout ce qui s'était passé entre elle et le chemineau et l'aversion très prononcée qu'elle lui avait témoignée depuis.

FÉLICIE.

J'espérais ne jamais revoir cet homme ; je le rencontre partout. Je ne voulais lui rien devoir, et voilà qu'il me rend deux très grands services. Ce matin j'ai été touchée de son dévouement, je me suis repentie de l'avoir si mal traité ; j'ai voulu tout réparer ; mais, les premiers moments passés, j'ai été honteuse de m'être jetée dans ses bras, de l'avoir embrassé devant tout le monde ; et, quand maman m'a parlé, j'ai pensé qu'une fois établi dans la maison il me traiterait avec familiarité, qu'il me reparlerait du passé, qu'il m'humilierait sans cesse. Ne le crois-tu pas? Et ne trouves-tu pas, maintenant que tu sais tout, que j'ai raison?

GERTRUDE.

Ma pauvre Félicie, ton aventure avec ce chemineau est très désagréable, mais pas autant que tu le crois. D'abord il était ivre, il était dans son tort; ensuite, étant ivre, il a abusé de sa force pour battre un enfant, second tort. »

Félicie triomphait et sentait augmenter son amitié pour Gertrude. Celle-ci continua :

« Il l'a si bien senti quand son ivresse a été passée, qu'il n'en a parlé à personne, qu'il s'est cru obligé, en conscience, de venir faire des excuses à ceux qu'il croyait avoir offensés; il était honteux de son emportement; il cherchait à réparer sa faute, et c'est pourquoi il s'est si bravement conduit dans l'attaque de l'ours; tout cela prouve que c'est un honnête homme, un brave homme, qui se croit plus coupable qu'il ne l'est réellement.

« Il est honteux de ce qu'il a fait, et tu penses bien qu'il cherche et qu'il cherchera à le faire oublier; il n'en parlera jamais, parce qu'il craindra de se faire du tort et de te faire du tort. Il s'est attaché à toi parce que c'est toi qui as eu à te plaindre de lui. Il est reconnaissant de ton pardon, qu'il a tant désiré d'obtenir, parce qu'il a senti combien tu devais faire d'efforts pour l'accorder. Si tu acceptes l'idée de ma tante, il te sera de plus en plus dévoué et reconnaissant.

« Au total, je crois que ce pauvre chemineau est un excellent homme et qu'il sera un excellent serviteur. Et si j'étais toi, je dirais à ma tante de le prendre bien vite pour jardinier. Il est évident qu'elle le désire ainsi que mon oncle.

FÉLICIE.

Mais, à présent que j'ai dit non, je ne peux plus dire oui.

GERTRUDE.

Pourquoi pas? tu as dû répondre sans avoir cinq minutes pour réfléchir. A présent que tu as réfléchi, tu réponds sagement après avoir vu ce qu'il y avait de mieux à faire.

FÉLICIE.

Si tu savais combien il m'en coûte de faire un si grand effort pour un homme qui est tellement au-dessous de moi et qui ne me sera d'aucune utilité. »

Gertrude réprima le sentiment de mécontentement que lui donnait cette réponse orgueilleuse et égoïste de Félicie, et reprit doucement :

« Je crois, ma pauvre Félicie, que là encore tu te trompes; ce brave homme n'est pas au-dessous de toi, car il a des sentiments excellents et généreux; il est modeste, il est honnête, il est bon, reconnaissant. Ce n'est pas parce qu'il est ouvrier qu'il est moins que nous. Rappelle-toi que Notre-Seigneur a été ouvrier, un pauvre charpentier; que presque tous les saints Apôtres étaient de pauvres gens. Et quant à ce que tu dis qu'il ne te sera jamais utile, vois s'il t'a été inutile aujourd'hui et le jour du combat de l'ours.

FÉLICIE.

C'est vrai ce que tu dis là; mais je ne suis pas encore décidée. J'attendrai. »

Gertrude ne voulut pas trop la pousser à changer sa réponse à sa mère; elle l'embrassa et lui dit :

« C'est ça, réfléchis bien. Avant de te décider, veux-tu venir avec moi à la messe demain matin? nous prierons ensemble le bon Dieu de t'indiquer ce que tu dois faire, et tu diras ensuite à ma tante ce que tu auras décidé. »

Félicie, flattée d'être traitée par Gertrude comme son égale d'âge et de raison, accepta avec empressement l'offre de sa cousine, qu'elle aimait de plus en plus. Elle lui reparla plus d'une fois dans la journée de *son affaire*, comme elle l'appelait; Gertrude l'écouta toujours avec douceur et lui parla avec amitié; ses conseils, pleins de raison, firent quelque impression sur Félicie.

Pendant que les deux cousines causaient, M. d'Alban marchait à grands pas dans sa chambre.

« Cette petite fille est une péronnelle, une petite sotte, dit-il enfin. Tu es trop bonne pour elle, Hélène. Tu n'aurais pas dû la consulter; tu aurais dû faire la chose comme tu l'entends et ne pas sacrifier ce pauvre Diloy au sot orgueil de cette petite fille sans cœur.

MADAME D'ORVILLET.

J'aurais peut-être mieux fait, Albert; mais le pauvre Diloy en eût souffert tout le premier. J'espère que Félicie changera d'avis.

LE GÉNÉRAL.

Je n'espère rien du tout, à moins que ma bonne petite Gertrude ne parvienne à lui donner un peu de son cœur et de sa raison. Diable de petite fille ! Il y a deux heures à peine qu'elle se jette, à notre barbe à tous, dans les bras de cet homme; qu'elle l'embrasse comme du pain.... Et puis elle vous reprend ses airs de pimbêche, de princesse offensée, et vlan!... elle vous lance un *non* bien conditionné. Et tout cela parce que tu as la niaiserie de la consulter.

MADAME D'ORVILLET, *souriant*.

Mon pauvre ami, tu as raison, mais songe au caractère de Félicie. Tu oublies son aventure avec Diloy et combien elle en a été humiliée.

LE GÉNÉRAL.

Je n'oublie rien du tout, et je suis bien sûr que Gertrude aurait agi tout différemment.

MADAME D'ORVILLET.

Je le crois comme toi, mon ami. Mais Gertrude a presque trois ans de plus et....

LE GÉNÉRAL.

Et un caractère d'ange, un cœur d'or, un esprit, une intelligence admirables....

MADAME D'ORVILLET, *tristement*.

C'est précisément pour cela qu'il ne faut pas la comparer à ma pauvre Félicie, qui n'a rien de tout cela. »

Le général s'arrêta, regarda sa sœur, et, voyant des larmes prêtes à s'échapper de ses yeux, il s'assit près d'elle, l'embrassa tendrement et dit :

LE GÉNÉRAL.

Pardonne-moi, ma bonne Hélène; je t'ai chagrinée, je t'ai parlé durement, toi si douce et si

M. d'Alban marchait à grands pas. (Page 233.)

bonne. C'est que je suis d'une colère contre cette petite sotte! Elle nous empêche de nous attacher à tout jamais ce brave Diloy, de lui témoigner notre reconnaissance, de faire son bonheur! Ce pauvre garçon! va-t-il être désappointé, lui aussi!

MADAME D'ORVILLET.

Cher Albert, ne te décourage pas trop, peut-être que Gertrude fera changer d'idée à Félicie; elles vont en parler, c'est bien sûr; Gertrude a déjà quelque influence sur ma pauvre fille : espérons encore.

LE GÉNÉRAL.

Je ne demande qu'à espérer, ma bonne amie. Mais, comme je n'espère guère, voyons un peu, en attendant, ce que nous pourrions faire pour Diloy. »

Le frère et la sœur continuèrent à causer, mais plus tranquillement; ils firent plusieurs projets, mais aucun ne remplissait leur but comme celui qu'avait rejeté Félicie.

A chaque projet manqué, le général reprenait sa colère, que Mme d'Orvillet parvenait toujours à dissiper.

Un petit coup fut légèrement frappé à la porte.

« Entrez! » dit le général d'une voix terrible, car il était dans un mauvais moment.

« C'est toi, mon enfant, dit-il d'une voix radoucie en voyant apparaître la bonne et douce figure de Gertrude. Entre, entre, entre, n'aie pas peur.

GERTRUDE.

Je venais vous donner une bonne nouvelle, mon

oncle et ma tante. J'espère, je suis presque sûre que demain Félicie vous donnera une réponse toute différente de celle qui vous a tant peiné il y a une heure. »

Mme d'Orvillet l'embrassa et la fit asseoir entre elle et son frère.

Gertrude leur raconta sa conversation avec Félicie et leur projet de messe pour le lendemain.

Le général, enchanté, l'embrassa si fort que ses joues en furent toutes rouges.

LE GÉNÉRAL.

Tu es la meilleure fille que j'aie jamais vue, ma chère petite Gertrude. Demain, complète ton ouvrage.

GERTRUDE.

Le bon Dieu l'achèvera, mon oncle.

MADAME D'ORVILLET.

Merci, mon enfant; tu nous as rendu un bien grand service, sans compter Diloy, au bonheur duquel tu auras contribué.

— Je suis heureuse d'avoir pu vous être agréable, ma bonne tante, ainsi qu'à mon oncle, que j'aime beaucoup.

— Et qui t'aime joliment, ma chère petite Gertrude! »

XXI

LE GÉNÉRAL EXÉCUTE LES CASTELSOT

Quelques instants après cette bonne nouvelle apportée par Gertrude, un domestique vint annoncer que M. et Mme de Castelsot étaient au salon avec leurs enfants.

LE GÉNÉRAL.

Ces gueux-là ! ils osent venir me sachant ici !

« Viens, Hélène, je vais leur faire leur paquet et leur ôter le goût de revenir chez toi.

MADAME D'ORVILLET.

Oh ! Albert, je t'en prie, ne leur fais pas d'impertinences ; ils ne t'ont pas reconnu à la noce Robillard ; laisse-les tranquilles. Ne descends pas, je t'en prie.

LE GÉNÉRAL.

Du tout, du tout, je veux les voir, leur parler. Je ne leur dirai pas la moindre impertinence ; je leur parlerai très poliment ; mais je veux les empêcher de revenir chez toi. Gertrude, va chercher Félicie, et viens avec elle et les enfants au salon. »

Gertrude sortit, et, quelques instants après, le général descendit, en riant des supplications et des terreurs de sa sœur, qui le suivait de près.

Quand ils entrèrent, le général alla droit au baron.

LE GÉNÉRAL.

Par quel hasard es-tu dans notre voisinage, Futé ? Ton père t'a laissé un joli magot, que tu as joliment augmenté, à ce que m'a dit ton ancien maître, le pauvre duc de la Folotte, que vous avez tous mené grand train ; et toi, Clarisse, tu as donc épousé Futé, rusée que tu es. Ta dot était belle, ce me semble. Ce pauvre duc ! C'est sur lui que vous vivez pourtant ! »

Gertrude et Félicie entrèrent.

« Félicie, viens donc voir tes amis ; Gertrude, je te présente les petits Futé ; leurs deux grands-pères étaient, l'un maître d'hôtel, l'autre homme d'affaires du pauvre duc de la Folotte, qui avait grande confiance en eux : ce qui fait qu'il s'est trouvé ruiné et que les deux valets se sont trouvés enrichis.

« C'est qu'ils sont riches à millions ! Voyons, Futé, avoue-moi cela ; combien as-tu de fortune ? Deux millions ? Trois millions ? »

Tout le monde semblait pétrifié. Les Castelsot

étaient pâles de fureur, de terreur, de honte. Immobiles, les yeux écarquillés, les dents serrées, les mains crispées, ils n'avaient la force ni de parler ni de bouger. Les enfants Castelsot, rouges, humiliés, désolés, n'osaient pourtant pas remuer. Mme d'Orvillet était dans un embarras mortel; elle avait beau tirer la redingote de son frère pour le faire finir, lui lancer des regards suppliants, il n'en continuait pas moins.

Gertrude remarquait l'embarras de sa tante et commençait à s'inquiéter.

Félicie seule regardait d'un air satisfait et dédaigneux ses amis d'hier.

Le général, content de l'attitude terrifiée des Castelsot, leur dit en finissant, les sourcils froncés et le ton sévère :

« Vous ne m'avez reconnu ni l'un ni l'autre à la noce Robillard, et je n'ai pas voulu vous parler en public. Aujourd'hui vous venez chez ma sœur. Comme elle ne compte pas confier ses affaires ni sa maison à des gens qui ont fait fortune aux dépens de leur premier maître, vous n'avez rien à faire ici. Va-t'en, Futé, et que je ne te revoie plus ici, non plus que toi, Clarisse. Emmenez vos deux petits grenidets, qui vous ressemblent trop pour être reçus dans une maison honnête.... Allons, partez! »

Et comme Castelsot ne bougeait pas :

« Vas-tu déguerpir, mauvais garnement? »

Un cri rauque, semblable à un rugissement, sortit enfin de la grosse poitrine de Futé-Castelsot; il courut plutôt qu'il ne marcha vers son équipage;

sa femme et ses enfants le suivirent en silence, et ils repartirent pour ne jamais revenir.

Mme de Saintluc, qui avait entendu arriver la voiture et qui la vit repartir, descendit au salon pour savoir quels étaient ces visiteurs si pressés qui repartaient au bout d'un quart d'heure; elle trouva tout le monde consterné; M. d'Alban seul riait en regardant filer l'élégante calèche et les laquais poudrés.

« Qu'est-il donc arrivé, monsieur d'Alban? Quelle visite avez-vous reçue? Excepté vous, tout le monde me semble pétrifié. »

M. d'Alban se mit à rire

« C'est moi qui suis la tête de Méduse; j'ai mis en fuite les habitants de Castelsot, et vous voyez l'effet que j'ai produit sur les nôtres. »

Le général lui raconta ce qui venait de se passer, et la mit au courant des antécédents de la famille Castelsot.

« Je les connais depuis ma jeunesse; j'ai connu La Folotte au collège de Vaugirard; il a quelques années de plus que moi. J'ai vu souvent chez lui ses gens d'affaires et leurs enfants, qui sont les Castelsot; les parents avaient volé le vieux duc, les enfants continuèrent à plumer le fils, jusqu'à ce que la fortune eût passé presque tout entière dans les mains des Futé. Je viens de les mettre à la porte très poliment; n'est-ce pas, Hélène?

MADAME D'ORVILLET, *souriant.*

Si tu appelles cela poliment, je ne suis pas de ton avis.

Il courut plutôt qu'il ne marcha vers son équipage. (Page 241.)

LE GÉNÉRAL.

Et toi, Gertrude, qu'en dis-tu

GERTRUDE.

Mon oncle, je trouve que vous les avez menés un peu rondement, tout en ayant raison.

LE GÉNÉRAL, *riant*.

Je les ai roulés un peu vivement en dehors de votre chemin, pour que Félicie n'ait plus à subir la mauvaise influence de ses amis Futé. Je crois que tu ne les regrettes pas beaucoup, Félicie?

FÉLICIE.

Je suis enchantée de ce que vous avez fait, mon oncle; m'en voilà débarrassée. Leurs mines effarées me faisaient plaisir à regarder. Les cheveux du père étaient hérissés à la fin. Ah! ah! ah! qu'ils étaient drôles !

LE GÉNÉRAL, *fronçant le sourcil*.

Tu es un peu méchante, Félicie! Tu les aimais tant il y a deux jours! et aujourd'hui tu ris de leur humiliation.

FÉLICIE, *avec hauteur*.

C'est que vous m'avez appris ce qu'ils étaient, mon oncle; et je ne veux pas que des Futé puissent se dire ou même se croire mes amis.

LE GÉNÉRAL.

Les grands airs! Prends garde aux grands airs!... Les Futé honnêtes eussent été très agréables à voir; ce sont les Futé voleurs et impertinents que j'ai chassés. N'oublie pas, Félicie, qu'un ouvrier honnête est plus estimable qu'un prince sans foi et sans moralité. »

Le général proposa une promenade avant le dîner ; tout le monde voulut en être, même Laurent et Anne, qui ne quittaient pas leur cousine Juliette. La promenade fut agréable. Gertrude courut avec les enfants ; elle les aida à cueillir des bluets, des coquelicots ; elle entraîna Félicie à gravir des fossés, à les descendre en courant, à faire des guirlandes. Pendant un repos d'une demi-heure sous un groupe de chênes magnifiques, Gertrude et, à son exemple, Félicie firent aux enfants des couronnes et des colliers de bluets et de coquelicots. Félicie s'amusa, ne se plaignit pas une fois de la fatigue et ne demanda pas à rentrer.

Le lendemain, à sept heures, Gertrude, Félicie et Mme de Saintluc allèrent à la messe du village. Gertrude, sans vouloir *prêcher* sa cousine, disait souvent quelques mots pour réveiller les bons sentiments de Félicie, qui pria et réfléchit pendant la messe. Gertrude pria et pleura ; le souvenir de sa mère ne la quittait pas : elle priait pour son retour et pleurait son absence. Quand elles sortirent de l'église, elles se trouvèrent près du chemineau.

FÉLICIE.

Vous ici, Diloy ? Par quel hasard ?

DILOY.

Je suis venu entendre la messe, mam'selle, et brûler un cierge devant l'image de la bonne sainte Vierge, pour lui demander sa protection dans une affaire bien importante pour moi.

FÉLICIE.

Quelle affaire ?

DILOY.

Je ne peux pas vous le dire, mam'selle, mais il s'agit pour moi d'être heureux ou malheureux. Si l'affaire réussit, je suis le plus heureux des hommes ; si elle manque, c'est que j'ai mérité punition, et je quitterai le pays pour aller travailler ailleurs. »

Félicie rougit beaucoup ; elle comprit que sa mère et son oncle lui avaient parlé de leur projet, et elle sentit péniblement qu'elle seule s'opposait au bonheur de cet homme qui lui avait sauvé la vie.

Touchée enfin de son humble résignation, elle se rapprocha de lui et resta un peu en arrière de Mme de Saintluc et de Gertrude.

« Diloy, dit-elle en souriant, je connais votre affaire ; je crois qu'elle se fera. Venez avec moi jusque chez maman ; elle cherche un jardinier, je lui en présenterai un.

DILOY.

Vous, mademoiselle Félicie ? Vous ! serait-il possible ? Vous auriez la bonté de consentir...?

FÉLICIE.

Chut ! Diloy, chut ! vous savez que nous avons un secret à garder entre vous et moi. J'ai été méchante pour vous, mais je ne le serai plus, je vous le promets.

DILOY.

Chère petite demoiselle, voyez où ce que nous sommes ; pouvez-vous, à cette même place où je me suis couvert de honte par ma brutalité, me redire que vous me pardonnez ?

— Très volontiers, mon ami. De tout mon cœur

je vous pardonne, et cette fois c'est bien sincèrement, pour tout de bon. Pour preuve, donnez-moi la main pour m'aider à passer sur ce tas de pierres. Cette place est toujours encombrée.... Merci, Diloy, dit-elle quand le tas de pierres fut franchi. C'est ça que j'aurais dû faire la première fois que je vous ai rencontré.... Vous ne parlez pas, Diloy; qu'avez-vous donc?

DILOY, *d'une voix tremblante.*

J'ai le cœur si plein, mam'selle, que je n'ose parler, de peur d'éclater. Je suis si touché de vous voir si bonne, si gentille, je me sens si reconnaissant, si heureux, que je ne trouve pas de paroles pour m'exprimer. Et ça fait mal, ça étouffe.

— Gertrude, cria Félicie, attends-nous. Que je t'annonce une bonne nouvelle. J'ai trouvé un jardinier pour maman et je le lui amène.

GERTRUDE, *l'embrassant.*

Comme tu as bien fait, ma bonne Félicie! Quel plaisir tu vas faire à ma tante et à mon oncle! »

Ils revinrent le plus vite possible à la maison; Félicie courut tout de suite chez sa mère, suivie de Diloy; elle entra comme un ouragan. Il était près de neuf heures; Mme d'Orvillet et M. d'Alban déjeunaient.

FÉLICIE.

Maman, maman, je vous amène un jardinier dont vous serez très contente, et que j'aimerai beaucoup et toujours. »

Mme d'Orvillet et le général poussèrent ensemble un cri de joyeuse surprise; ils se levèrent précipitamment, embrassèrent tendrement Félicie, et s'approchèrent de Diloy, qui voulut parler et se couvrit les yeux de ses mains ; il pleurait.

Quand il put dominer son émotion, il découvrit son visage baigné de larmes.

« Pardon, chère dame ; pardon, monsieur le comte ; bien pardon, chère demoiselle ; je suis mieux, je n'étouffe plus. »

Il resta quelques instants sans parler, puis il se leva, demanda encore pardon et voulut sortir.

LE GÉNÉRAL.

Eh bien! eh bien! où vas-tu, mon garçon? Nous ne sommes convenus de rien ; tu ne sais rien, et tu pars comme cela sans dire gare?

DILOY.

Monsieur le comte, permettez-moi de prendre l'air un quart d'heure seulement. Je ne sais plus où j'en suis. Pensez donc quel bonheur je vais avoir, moi qui ai toujours vu souffrir ma pauvre femme, mes chers enfants ; pensez à la reconnaissance, à la joie qui m'étouffent. Pardon, monsieur le comte, pardon ; je serai de retour dans un quart d'heure. »

Et Diloy sortit précipitamment.

Le général, Mme d'Orvillet et Félicie même se sentaient émus du bonheur de cet excellent homme. Félicie fut embrassée à plusieurs reprises ; elle quitta sa mère pour aller retrouver Gertrude, qui était chez Mme de Saintluc ; elle y reçut de nouveaux compliments sur sa conduite ; ensuite Gertrude lui dit qu'elle allait travailler, écrire à sa mère et faire travailler sa sœur jusqu'au déjeuner. Félicie revint près de sa mère pour prendre ses leçons; Laurent prit la sienne chez sa bonne, et tout rentra dans le calme.

XXII

FÉLICIE S'EXÉCUTE ELLE-MÊME

Diloy fut exact; au bout d'un quart d'heure, le général le vit arriver, prêt à accepter toutes les conditions de Mme d'Orvillet; l'affaire fut bientôt conclue; Diloy promit d'entrer dans trois jours avec sa femme et ses enfants. Mme d'Orvillet prévint son vieux jardinier de déménager avec sa femme dans la maison qu'elle leur permettait d'occuper leur vie durant et qui était prête à les recevoir; ils devaient avoir une rente suffisante pour vivre sans travailler, ce qui, joint à leurs économies, leur donnait une position très aisée.

Le lendemain, Félicie proposa pour l'après-midi une promenade en voiture, que Gertrude accepta avec plaisir, du consentement de Mme de Saintluc;

Juliette, Laurent, Anne et la bonne devaient être de la partie; mais, quand Félicie demanda à Mme d'Orvillet de faire atteler la grande calèche, elle reçut pour réponse que c'était impossible.

FÉLICIE.

Pourquoi impossible, maman? Les chevaux ne font rien.

MADAME D'ORVILLET.

Ils ont, au contraire, beaucoup à faire. On fait le déménagement de nos vieux Marcotte, et on va chercher à la ville de la literie et des meubles pour Diloy, qui n'en a pas. Tu vois qu'hommes et chevaux seront pris aujourd'hui et demain.

FÉLICIE.

C'est très ennuyeux! J'avais promis à Gertrude de lui faire voir l'entrée de la forêt où nous avions rencontré l'ours, et où Diloy a si courageusement combattu contre lui. Ces Marcotte pourraient faire leur déménagement tout seuls.

MADAME D'ORVILLET.

Comment veux-tu qu'un pauvre vieux de soixante-douze ans et une vieille femme de soixante-neuf puissent enlever et emporter des lits, des armoires, tout un mobilier, enfin?

FÉLICIE.

Ils peuvent attendre un jour ou deux. Pourquoi faut-il que nous nous gênions pour ces gens-là?

MADAME D'ORVILLET.

D'abord parce que je veux que ce soit ainsi. Ensuite parce que ces *gens-là* sont de vieux serviteurs, qu'ils sont pressés de s'établir chez eux, et que c'est un devoir pour nous de chercher à contenter de braves gens qui se sont usés à notre service.

FÉLICIE, *avec humeur*.

Vous faites toujours ce qui plait aux gens, sans penser à ce qui nous plait à nous.

MADAME D'ORVILLET.

Je pense à votre bien-être du matin au soir, mais je ne veux pas vous habituer à être égoïstes et à ne songer qu'à votre plaisir sans vous occuper des gens qui nous servent et qui ont, comme nous, besoin de repos, de distractions et d'innocents plaisirs. Tous nos gens sont charitables et bons; ils se font une fête d'aider les vieux Marcotte à se bien installer chez eux et de nettoyer et meubler le futur logement de Diloy. Je ne veux pas les priver de ce plaisir, qui est en même temps un acte de charité.

FÉLICIE.

Mais notre promenade ne durerait pas plus de deux ou trois heures.

MADAME D'ORVILLET.

Et le temps d'atteler, de s'habiller, de dételer, d'arranger les chevaux, de nettoyer les harnais, de laver la voiture, c'est toute la journée perdue.

FÉLICIE.

Mais alors on pourrait....

MADAME D'ORVILLET.

Assez, Félicie; renonce à ta promenade et n'insiste plus. Je t'ai expliqué mes raisons; il faut t'y soumettre.

FÉLICIE, *tapant du pied*.

C'est insupportable!

MADAME D'ORVILLET.

Sais-tu ce qui est insupportable dans tout cela ? C'est toi, ma pauvre fille, avec ton insistance qui frise l'impertinence. »

Félicie allait encore répliquer; sa mère lui imposa silence et la renvoya de chez elle.

Félicie se mit à la recherche de Gertrude pour lui communiquer son humeur contre sa mère, contre les vieux Marcotte, contre toute la maison.

Pendant que Gertrude cherchait à la calmer et à lui faire comprendre le respect qu'elle devait avoir pour les désirs de sa mère, pendant qu'elle l'exhortait à avoir plus de soumission à ses volontés, plus de charité, ou tout au moins plus de complaisance pour les gens de la maison, M. d'Alban était entré vivement chez sa sœur.

« Hélène, dit-il presque avec colère, je ne comprends pas ta manière d'agir avec Félicie. Je lisais dehors, près de ta fenêtre, j'ai entendu toute ta conversation avec cette sotte fille. Tu es aussi sotte qu'elle, et je suis aussi en colère contre toi que contre elle.

MADAME D'ORVILLET, *souriant*.

Et qu'ai-je donc fait, mon ami, pour m'attirer ta colère ?

LE GÉNÉRAL, *très vivement*.

Ce que tu as fait ? Parbleu ! le contraire de ce que tu devais faire. Au lieu de lui expliquer longuement, avec une douceur imperturbable, tes motifs d'agir, tu aurais dû, à la première objection, la mettre à la porte avec un bon coup de pied... à la chute des reins. Elle ne serait pas revenue à la charge, et tu n'aurais pas reçu ses impertinences.

MADAME D'ORVILLET.

Et qu'y aurais-je gagné, mon ami? De la mettre en colère, de ne pouvoir pas lui ouvrir les yeux sur l'injustice de son exigence et sur les obligations des maîtres envers leurs serviteurs.

LE GÉNÉRAL.

Et tu crois qu'elle a compris tout cela? Elle t'en veut à mort.

MADAME D'ORVILLET.

Je crois qu'après le premier moment passé, elle réfléchira à ce que je lui ai dit, et qu'elle ne recommencera pas à l'avenir. Je n'ai pas cédé, au total, et j'espère avoir agi sagement. »

Le général la regarda un instant; la douceur de cette voix, de cette physionomie le toucha; il l'embrassa et lui dit :

« Tu es un ange; tu es cent fois meilleure et plus sage que moi. Tu as raison, tu as bien fait; pardonne-moi ma vivacité; je t'aime, et je respecte ta vertu.

MADAME D'ORVILLET.

Je suis heureuse de ta tendresse, cher Albert; tu m'as toujours aimée, et moi aussi je t'ai toujours aimé bien tendrement.

LE GÉNÉRAL, *l'embrassant encore.*

Au revoir, ma bonne sœur; je vais continuer ma lecture sous ta fenêtre. »

Gertrude finit, moitié riant, moitié sérieusement,

par persuader Félicie que sa mère avait raison.

« De plus, ajouta Gertrude, tout le monde dans la maison sait que c'est toi qui fais entrer Diloy; c'est sur toi que se reportera la reconnaissance des Marcotte, qui sont enchantés de s'établir tranquillement chez eux, et celle de Diloy et de sa famille, qui raconte à tout le monde son bonheur; et enfin, celle de tous les domestiques, qui t'en savent gré et qui ne manqueront pas de dire et de penser que, sans toi, ils n'auraient pas ces deux jours de courses, d'agitation et aussi de travail *agréable*, puisque c'est une œuvre de charité qu'ils font volontairement.

« Et puis, sais-tu une chose? Si nous nous y mettions tous? nous nous amuserons bien plus qu'à cette promenade en voiture (que nous pouvons faire d'ailleurs dans trois ou quatre jours). Nous chargerons les charrettes, nous porterons des paquets, nous aiderons la mère Marcotte à ranger là-bas; tu verras comme ce sera amusant!

— C'est vrai,... dit Félicie en sautant de joie. Mais, ajouta-t-elle après quelques instants de réflexion, ne trouvera-t-on pas extraordinaire que nous aidions au déménagement d'un jardinier?

GERTRUDE.

Pourquoi donc? Qu'y a-t-il d'extraordinaire?

FÉLICIE.

Nous, les demoiselles du château, nous mêler aux domestiques? faire le travail des ouvriers?

GERTRUDE.

Ah! ah! ah! quelles drôles d'idées tu as, Félicie!

Qu'est-ce que cela fait? Quel mal ferons-nous?

FÉLICIE.

Nous nous abaisserons, et cela nous fera du mal, parce qu'on ne nous respectera plus.

GERTRUDE.

Tu crois cela? Et moi je crois que nous nous grandirons, au contraire, que cela nous fera du bien, et qu'on nous respectera plus qu'avant, parce que nous aurons rendu des services, et qu'il faut toujours chercher à rendre service.

FÉLICIE.

Je veux bien essayer.

GERTRUDE.

Et tu ne le regretteras pas. Tu verras que cette journée sera la plus amusante que nous aurons passée. Allons le dire à ma tante, cela lui fera grand plaisir. »

Les deux cousines coururent chez Mme d'Orvillet; Gertrude avait encouragé Félicie à parler la première.

« Maman, dit Félicie en entrant, je vous remercie bien de nous avoir refusé la voiture pour faire notre promenade. Gertrude a une très bonne idée et qui nous amusera beaucoup. Nous aiderons tous à faire les paquets des Marcotte, à les charger et les décharger, à mettre tout en place dans leur nouvelle demeure, et à tout préparer dans la maison du jardinier pour Diloy.

MADAME D'ORVILLET.

C'est en effet une très bonne pensée, ma petite Gertrude; je t'en remercie pour Félicie, qui éprouvera plus de satisfaction à faire cette bonne œuvre que ne lui en aurait donné sa promenade en voiture.

FÉLICIE.

Oh oui! maman! Et je vous demande bien pardon de vous avoir si mal répondu tantôt.

MADAME D'ORVILLET.

Je te pardonne de tout mon cœur, ma chère enfant. Je vous donne congé toute la journée; votre seule leçon aujourd'hui sera une leçon de charité, et c'est Gertrude qui sera et qui est déjà le professeur.... Va prévenir ta bonne et les petits; ils seront enchantés.

GERTRUDE.

Je vais aussi demander à ma tante de Saintluc de me donner congé, pour ne pas quitter Félicie.

MADAME D'ORVILLET.

Tu feras très bien, ma bonne petite.

— Je demande à être de la partie, cria une voix en dehors de la maison.

GERTRUDE.

Qui est-ce donc? Qu'est-ce qui veut nous aider à nous amuser?

MADAME D'ORVILLET, *riant*.

C'est ton oncle d'Alban, qui s'est établi à lire sous mes fenêtres. »

Gertrude mit la tête à la fenêtre et aperçut en effet son oncle.

« Attends-moi, lui cria-t-il; je monte chez ma sœur. »

En effet, il entra quelques secondes après.

« Bonjour, mon oncle, lui dirent ses deux nièces en allant à lui.

LE GÉNÉRAL, *les embrassant*.

Bonjour, mes enfants. Nous allons travailler ensemble après déjeuner. Cela me fera plaisir. Merci, ma bonne petite Gertrude, d'avoir eu cette bonne pensée.

GERTRUDE.

Je n'y ai pas de mérite, mon oncle; Félicie l'a eue comme moi.

LE GÉNÉRAL.

Hem! hem! Viens, que je dise un secret. »

Et, emmenant Gertrude à la fenêtre, il lui dit tout bas :

« J'ai entendu toute ta conversation avec Félicie; ta fenêtre est près de celle-ci; j'étais dessous. Tu comprends que je n'en ai pas perdu un mot. »

Gertrude rougit légèrement, et lui dit à son tour bien bas :

« N'en dites rien, mon cher oncle; je vous en prie, n'en parlez pas.

LE GÉNÉRAL, *haut*.

C'est bien, mon enfant. Va prévenir ta tante de Saintluc. Il est onze heures. Nous allons déjeuner dans une demi-heure, et, quand les domestiques auront mangé à leur tour, nous commencerons.

MADAME D'ORVILLET.

Eh bien, Albert, tu vois que Félicie a fait ses réflexions.

LE GÉNÉRAL.

Oui, mais aidée vigoureusement par cette excellente Gertrude. Parole d'honneur, cette enfant est un ange, un trésor.

MADAME D'ORVILLET.

J'espère qu'elle restera longtemps ici; elle changera ma pauvre Félicie....

LE GÉNÉRAL.

Du noir au blanc. Mais elle ne vaudra jamais Gertrude.

MADAME D'ORVILLET.

Peut-être. Il y a du bon en Félicie.

LE GÉNÉRAL.

Pas beaucoup; elle peut devenir très bien, mais, je le répète, elle ne vaudra jamais l'autre. »

Toute la maison fut en l'air au bout d'un quart d'heure. Les trois petits avaient couru partout, dans le jardin, dans l'écurie, à la cuisine, pour annoncer qu'après le déjeuner, tout de suite après, tout le monde, même leur oncle, irait aider au déménagement et à l'installation des Marcotte, et le lendemain à celle des Diloy.

M. d'Alban et Mme d'Orvillet allèrent voir la maison du jardinier; ils la trouvèrent très sale; on envoya Saint-Jean prévenir les maçons de venir tout de suite blanchir à la chaux les plafonds et les murs; on commencerait dès que les meubles seraient enlevés. Ils avertirent les Marcotte de mettre en paquets leur linge et leurs effets, pour être prêts à être chargés sur la charrette.

Mme d'Orvillet donna ses ordres à la cuisine pour que le déjeuner des gens fût servi en même temps que celui des maîtres. Il fut convenu que

« Ta fenêtre est près de celle-ci. » (Page 259.)

tous les plats seraient posés d'avance sur la table, et que les enfants feraient le service des assiettes et des couverts. Les enfants couraient, allaient, venaient, se démenaient.

XXIII

LE DÉMÉNAGEMENT.
LES MARCOTTE SE QUERELLENT.

Enfin, la cloche sonna ; les trois petits avaient demandé instamment à attendre l'arme au bras, c'est-à-dire la serviette sous le bras, l'assiette à la main. Ils étaient postés à la porte d'entrée, quand Mme d'Orvillet, M. d'Alban donnant le bras à Mme de Saintluc, Gertrude et Félicie firent leur entrée dans la salle à manger.

Les petits serviteurs, prenant leur rôle au sérieux, ne voulaient pas se mettre à table ; mais, le général ayant commandé *arme bas*, ils furent désarmés par Gertrude et Félicie, et on les obligea à prendre leur part du repas. Après le premier plat, on demanda d'autres assiettes.

Juliette, Laurent et Anne se précipitèrent pour faire leur service; Anne cassa une assiette, dans son empressement à servir sa mère; Laurent en fit rouler deux, mais sans les casser. Juliette profita du désordre causé par ces accidents pour remplacer lestement toutes les assiettes sales. Quand les morceaux furent ramassés, Laurent et Anne n'eurent plus rien à faire qu'à se remettre à table et continuer leur repas. Il s'acheva assez tranquillement; il n'y eut d'autres accidents qu'une bouteille de vin répandue sur la nappe, une salière renversée, et la chute d'Anne avec sa chaise; mais, comme elle ne s'était fait aucun mal, tout le monde rit de son accident, et elle demanda à continuer son service en mangeant debout, pour être prête à donner ce que demandaient les convives.

« N'est-ce pas, maman, que nous servons très bien? dit Anne en finissant son déjeuner.

MADAME D'ORVILLET.

Sauf les accidents, c'était très bien, mon enfant.

LAURENT.

Les accidents, ce n'était pas notre faute; n'est-ce pas, mon oncle?

LE GÉNÉRAL, *gaiement*.

Certainement non. Si les assiettes n'étaient pas rondes, elles ne rouleraient pas.

JULIETTE.

Et le vin répandu, mon oncle?

LE GÉNÉRAL, *souriant*.

Si le vin n'avait pas été liquide, il ne se serait pas répandu.

FÉLICIE.

Et la chaise d'Anne, mon oncle?

LE GÉNÉRAL, *riant.*

Si la chaise n'avait pas eu de pieds, elle ne serait pas tombée. »

Tout le monde se mit à rire et on se leva de table.

LAURENT.

Allons-nous partir, mon oncle?

LE GÉNÉRAL.

Pas encore, mon ami; donne-nous le temps de faire une petite causette, et laisse les gens ôter le couvert et tout ranger.

LAURENT.

Eh bien, Juliette, sais-tu ce que nous allons faire? Nous irons tous chez les Marcotte, et nous les aiderons à faire leurs paquets.

— Oui, oui, allons vite, s'écrièrent Juliette et Anne.

LE GÉNÉRAL.

Halte-là! Petits malheureux! vous allez leur tout bouleverser, comme vous avez fait chez moi le jour de mon arrivée en m'aidant à déballer.

GERTRUDE.

Non, mon oncle; ils ne feront aucun dégât, car nous allons y aller, Félicie et moi, et nous veillerons à ce qu'on ne dérange pas au lieu d'arranger.

LE GÉNÉRAL.

Dans ce cas, on peut y aller; partout où tu es, tout marche bien.

GERTRUDE, *embrassant son oncle.*

Prenez garde de me gâter, mon oncle; vous avez

trop bonne opinion de moi ; je finirai par n'avoir plus confiance en vous, et ce serait très mal à moi.

LE GÉNÉRAL, *riant*.

Tu n'y entends rien ; je cherche à prouver, au contraire, la grandeur de mon intelligence en te jugeant comme je le fais. Mais je dois humblement avouer que ta tante d'Orvillet m'y a beaucoup aidé avant même ton arrivée.... Et à présent, ma bonne fille, que je me suis expliqué, je te laisse aller. Empêche les petits de tout mettre sens dessus dessous. Cours vite, car tu es rouge comme une cerise ; l'air te fera du bien. »

Gertrude et Félicie suivirent les enfants qui étaient déjà partis.

« C'est étonnant, dit Félicie d'un air un peu piqué, comme mon oncle t'aime ! Il te fait toujours des compliments ; à l'entendre, il n'y a de parfait que toi.

GERTRUDE.

C'est parce que je viens d'arriver, tu vois bien ; il veut me mettre à l'aise. Je crains bien que dans quelques jours il ne pense autrement.

FÉLICIE.

Non, je parie qu'il te croit réellement parfaite.

GERTRUDE.

Ce serait donc parce qu'il est si bon qu'il me juge d'après lui-même.

FÉLICIE.

Tu trouves qu'il est très bon ? Je ne trouve pas, moi. Il gronde souvent et bien rudement, comme font toujours les militaires.

GERTRUDE.

Ah bien ! mon tour viendra bientôt ; ce sera toi qui me consoleras alors, car j'aurais beaucoup de chagrin d'être grondée par lui.

FÉLICIE.

Pourquoi ça ?

GERTRUDE.

Parce que je l'aime beaucoup et parce que, s'il me gronde, c'est que je l'aurai mérité.

FÉLICIE.

Il n'y a pas de quoi avoir du chagrin ; moi, cela ne me fait rien quand on me gronde : cela m'ennuie, voilà tout.

LAURENT, *accourant*.

Mais arrivez donc, arrivez donc, voilà les Marcotte qui se disputent, et nous ne pouvons rien faire. »

Ils entrèrent tous chez les Marcotte et ils les trouvèrent en face l'un de l'autre, criant à qui mieux mieux.

MARCOTTE.

Je te dis que t'es sotte comme tout. Je ne veux point que tu mettes ma belle redingote en paquet.

MÈRE MARCOTTE.

Et je te dis que je la mettrons tout de même. T'as pas plus d'intelligence qu'un bourri. Crois-tu que je vas promener tes habits un à un d'ici à notre maison ?

MARCOTTE.

Si tu ne les prends point, je les porterai, moi, et chaque voyage te vaudra une bonne gifle.

MÈRE MARCOTTE, *se rapprochant de son mari.*

Ah! tu crois ça, toi? Est-ce que je n'avons pas bec et ongles pour me défendre contre toi, vieux serin?

MARCOTTE, *avançant vers sa femme.*

Je saurai bien te réduire, vieille criarde.

GERTRUDE, *se mettant entre eux.*

Mes amis, pourquoi vous querellez-vous ainsi? Ce n'est pas bien.

MARCOTTE.

Quoi donc que je puis faire, mam'selle? Cette sotte femelle veut me gâter ma belle redingote; je l'ai prise la fourrant zà force dans un paquet de linge sale.

MÈRE MARCOTTE.

T'es tun menteur; c'était du linge tout blanc et je la fourrais bien gentiment.

MARCOTTE.

Tu appelles ça gentiment, que tu tapais dessus comme sur une gerbe de blé.

MÈRE MARCOTTE.

Et toi qui me tapais sur le dos comme un vieux scélérat que tu es.

MARCOTTE.

Pourquoi que tu ne voulais pas m'écouter?

MÈRE MARCOTTE.

Et pourquoi que tu t'en mêlais? Est-ce l'affaire d'un homme, ça, de plier du linge et des habits?

MARCOTTE.

Est-ce l'affaire d'une femme, ça, que de chiffonner zet endommager la redingote de son mari?

« Je saurai bien te réduire, vieille criarde. »

Je n'en ai point une douzaine de rechange, moi, et je ne veux point qu'on me l'abîme.

GERTRUDE.

Mes bons amis, je vous en prie ; je vais tout arranger. Je me charge de votre redingote, mon bon père Marcotte ; elle vous gênerait pour l'ouvrage, et moi, qui n'ai rien à faire, je la porterai bien soigneusement sur mon bras.

MARCOTTE.

Oh ! mam'selle Gertrude, c'est trop de bonté. Tu vois bien, femme, ce que tu fais ? Voilà que t'obliges mam'selle Gertrude à porter ma redingote.

MÈRE MARCOTTE.

Moi ! mon bon Dieu ! Faut-y être menteur !

GERTRUDE.

Ma pauvre mère Marcotte, ne vous fâchez pas, je vous en prie. Le pauvre Marcotte a cru bien dire.

MÈRE MARCOTTE.

Ne croyez point ça, mam'selle. Il n'en fait jamais d'autres. Il n'a pas plus de cœur qu'une limace ; il ne songe qu'à injurier le pauvre monde.

MARCOTTE.

En voilà une fameuse ! Quand je vous dirai, mam'selle, que cette femme me dégoise des sottises toute la journée, que si je ne me respectais, je lui donnerais des raclées soignées.

GERTRUDE.

Mon Dieu, mon Dieu, mes pauvres amis, si vous saviez comme vous me faites de la peine ! »

Marcotte et sa femme se retournent indignés l'un

vers l'autre et disent ensemble, d'un accent de reproche :

« Tu vois bien! cette bonne petite demoiselle Gertrude....

GERTRUDE.

Assez, assez, mes amis; nous sommes venus tous pour vous aider à faire vos paquets; ma tante et mon oncle vous aideront aussi; toute la maison va venir.

MÈRE MARCOTTE.

Héla! En voilà-t'y, de la bonté! Nous pensions demander aux voisins Legras de venir nous aider, et nous pensions en avoir pour deux jours.

LAURENT.

Vous coucherez là-bas ce soir, mère Marcotte.

MÈRE MARCOTTE.

C'est-t'y possible! Tu vois, Marcotte, quand je te disions que nous avions de bons maîtres!

MARCOTTE.

Et quand je te disions qu'il n'y a pas leurs pareils dans le monde!

MÈRE MARCOTTE.

Et quand je te disions qu'ils ne nous laisseraient manquer de rien!

GERTRUDE.

Bien, mes amis; à présent aidons aux paquets. Félicie, viens m'aider à retirer le linge de dedans les armoires. Juliette, Laurent et Anne, courez vite chercher des paniers, de grandes resses; nous y mettrons le linge et les habits. »

Les petits partirent en courant; Gertrude et Félicie eurent bientôt vidé l'armoire; elles arrangèrent le linge dans une caisse pour être emporté. Les enfants revinrent, traînant chacun deux grandes resses. Gertrude étala un torchon au fond de chaque resse, y plaça les vêtements de Marcotte de manière à le rassurer complètement sur le sort de ses beaux habits du dimanche; la belle redingote s'y étalait au-dessus des gilets et des pantalons.

Dans un autre panier elles mirent les vêtements de la mère Marcotte. Les deux vieux regardaient avec admiration l'ordre et la promptitude que mettait Gertrude, seule d'abord, ensuite aidée de Félicie, à tout ranger sans rien chiffonner, rien abîmer. Les petits présentaient les objets à serrer, apportaient de la ficelle, du papier, etc.

FÉLICIE REPREND SES GRANDS AIRS.

Après une heure de travail, pendant laquelle les trois petits s'étaient beaucoup amusés et Félicie s'était trouvée satisfaite, le général et ces dames, suivis de tous les domestiques de la maison, firent leur entrée dans le potager, et, un moment après, tout était plein de mouvement et de bruit. Le général donnait des ordres aux domestiques; les enfants regardaient, croyaient aider, sautaient sur les meubles, grimpaient sur la charrette, faisaient des petits paquets, se poussaient, se bousculaient et s'amusaient comme des rois. Quand le chargement de la charrette fut terminé, tout le monde accompagna cette première partie du mobilier et voulut aider au déchargement. Le général dut arrêter ce trop grand zèle; il garda le monde nécessaire pour monter les lits, les armoires, et renvoya la charrette pour faire un second chargement. Les enfants et la bonne y montèrent; Laurent prit le fouet et les guides, et on se dirigea lentement vers le jardin.

« Veux-tu mener à ton tour? dit Laurent à Félicie, assise dans la charrette.

FÉLICIE, *avec dédain.*

Non, je te remercie; je ne suis pas habituée à l'office de charretier.

ANNE.

C'est très amusant.

FÉLICIE.

Moi, cela me déplaît

LAURENT.

Pourquoi cela? On tire les guides, on fouette le cheval.

FÉLICIE.

Et puis on verse dans le fossé quand on tire mal ou quand on fouette trop fort.

LAURENT.

Mais moi je ne tire pas mal et je fouette tout doucement.

LA BONNE.

Le charretier marche à côté du cheval et le fait aller au milieu du chemin : il n'y a pas de danger.

LAURENT.

Hue! Huhau! Hue! A dia!

FÉLICIE.

Tais-toi donc, tu vas nous verser. Je veux descendre.

Tout le monde accompagna cette première partie du mobilier. (Page 217.)

LAURENT.

Il n'y a pas de danger, je te dis. Hue! Huhau! Hue!

— Je veux descendre! cria encore Félicie.

LAURENT.

Non, tu ne descendras pas. Hue! Hue donc. »

Le cheval pressa le pas; le charretier resta en arrière. Félicie criait, Laurent et Anne riaient; Juliette avait un peu peur.

La bonne et Gertrude, voyant qu'il n'y avait aucun danger, cherchaient à calmer Félicie. Gertrude demanda à la bonne de faire monter le charretier près de Laurent pour rassurer Félicie. La bonne l'appela.

« Montez avec nous, Philippe : Mlle Félicie a peur. »

Philippe grimpa dans la charrette.

FÉLICIE, *se levant*.

Je ne veux pas que le charretier soit avec nous.

LA BONNE.

Pourquoi cela? Sa présence vous rassurera.

FÉLICIE.

Non, je ne veux pas qu'il soit près de moi. J'ai supporté beaucoup de choses aujourd'hui, mais c'est trop fort aussi. Qu'est-ce qu'on dirait de me voir près d'un paysan?

LA BONNE.

Personne ne dira rien. Un paysan est un homme comme un autre. On ne vous regardera seulement pas.

FÉLICIE.

Je te dis que c'est ridicule. Je ne veux pas. Arrêtez, Philippe : je veux descendre. »

Le charretier arrêta le cheval; Félicie sauta à bas de la charrette. Gertrude la suivit.

« Allez, mon bon Philippe, dit-elle. Nous vous rejoindrons au potager.

JULIETTE.

Pourquoi ne restes-tu pas avec nous?

GERTRUDE.

Parce que j'aime mieux tenir compagnie à Félicie pour qu'elle ne soit pas seule.

FÉLICIE.

A la bonne heure! Tu fais comme moi; tu ne veux pas te trouver près de ce charretier en blouse et en sabots.

GERTRUDE.

Oh! pas du tout; cela me serait bien égal. Philippe est si poli, si complaisant, qu'il ne me fait pas peur du tout. Je suis descendue pour ne pas te laisser seule. Ta bonne est obligée de rester près des petits…. Mais pourquoi as-tu dit tout haut devant le pauvre Philippe que tu ne voulais pas rester avec lui dans la charrette? Tu lui as fait de la peine. Ce pauvre homme est devenu tout rouge.

FÉLICIE.

Tant mieux! Il a compris qu'il n'aurait pas dû se permettre de monter avec nous.

GERTRUDE.

Oh! Félicie, pourquoi as-tu de pareilles idées? Pourquoi te figures-tu que tu es tellement au-dessus de ces pauvres gens qu'ils ne doivent même pas t'approcher, encore moins te toucher? Vois mes tantes et mon oncle, comme ils sont polis, soigneux pour tous leurs domestiques, pour les gens du village; comme ils s'intéressent à eux. Et vois aussi comme on les aime! Est-ce qu'on les respecte moins parce qu'ils se font aimer? Bien au contraire.

FÉLICIE.

Je ne peux pas faire de même. Ça me déplaît; ça me gêne. Leurs mains sales me dégoûtent; ils sentent mauvais; leurs cheveux sont mal peignés; enfin, je déteste qu'ils me touchent.

GERTRUDE.

Pauvre Félicie! je te plains. Personne ne t'aimera, et tu ne seras pas heureuse. »

Félicie ne répondit pas, Gertrude ne dit plus rien. Elle vit qu'une fois encore l'accès de bonté de Félicie était passé.

« Il faut du temps et de la patience..., pensa-t-elle. Mais pourquoi change-t-elle tout d'un coup sans rime ni raison?... Pourvu qu'elle ne fasse pas demain quelque chose de désagréable à ce pauvre Diloy! »

Le déménagement continua, mais avec moins d'entrain pour les enfants.

Félicie gênait tout le monde; elle avait repris ce que son oncle appelait ses grands airs. Au dernier voyage, Félicie déclara qu'elle était fatiguée et qu'elle rentrait à la maison; personne ne chercha à la retenir, pas même Gertrude, et elle se dirigea vers la maison d'un air assez maussade.

Gertrude s'assit dehors, à l'ombre d'un sapin, et se laissa aller à ses réflexions.

« Je suis désolée, pensa-t-elle; je sens que je n'aime plus autant Félicie que les premiers jours de mon arrivée. Elle a des idées si opposées aux miennes! Il faut toujours la ménager, la flatter même un peu; et puis je crains qu'elle ne soit un peu jalouse de ce que mon oncle me dit d'aimable.... Comme il est bon, mon oncle! Je l'aime beaucoup. Il est si gai avec cela, si aimable!... Quel dommage que pauvre maman ne soit pas ici!... Comme c'est long un mois!... Mais que puis-je faire pour changer Félicie, pour diminuer son orgueil? Par moments elle a l'air d'être corrigée, excellente, et puis, sans qu'on sache pourquoi, elle change, elle devient froide et hautaine. »

Gertrude réfléchissait depuis assez longtemps, lorsqu'elle entendit venir quelqu'un; elle leva les yeux et vit son oncle qui venait s'asseoir près d'elle.

GERTRUDE.

C'est vous, mon cher oncle? Je pensais à vous tout justement.

LE GÉNÉRAL.

Je viens me reposer un instant près de toi. Et que penses-tu, mon enfant?

GERTRUDE.

Je pensais que si vous pouviez m'aider à corriger Félicie de son orgueil, j'en serais bien heureuse.

LE GÉNÉRAL.

Est-ce qu'elle a encore fait quelque sottise? Dieu!

que cette péronnelle m'ennuie, et combien j'admire ta tante d'Orvillet qui ne s'impatiente jamais contre elle, qui supporte ses impertinences, qui lui explique ses raisons pour ne pas lui accorder ses demandes, et qui la traite toujours avec la même douceur !

GERTRUDE.

C'est que ma tante voit qu'il y a du bon dans Félicie, et qu'avec de la douceur elle finira par la rendre bonne.

LE GÉNÉRAL.

J'en doute, moi. Cette Félicie est une pécore et restera pécore. Si elle pouvait te ressembler seulement un peu !

GERTRUDE.

Mon bon oncle, j'ai quelque chose à vous demander.

LE GÉNÉRAL.

Demande, ma fille, demande ; accordé d'avance.

GERTRUDE.

Merci, mon oncle. Je vous demande donc instamment de ne pas dire du bien de moi devant Félicie, et de ne pas me témoigner plus d'amitié qu'à elle.

LE GÉNÉRAL, *souriant*.

Ah ! ah ! la pécore est jalouse ! Je veux bien ne pas dire devant elle ce que je pense, mais, quant à lui témoigner la même affection qu'à toi, c'est impossible, absolument impossible. Ce ne serait pas juste, ce ne serait pas bien.

GERTRUDE.

Oh ! mon oncle, je vous en prie ; vous venez de

me promettre de m'accorder ce que je vous demanderais.

LE GÉNÉRAL.

Je vais te prouver tout de suite que tu demandes l'impossible. M'aimes-tu, toi?

GERTRUDE, *vivement*.

Oui, mon oncle; beaucoup, beaucoup.

LE GÉNÉRAL.

Et crois-tu que Félicie m'aime?

GERTRUDE, *hésitant*.

Pas tant que je vous aime; mais pourtant....

LE GÉNÉRAL.

Elle me déteste, je le vois bien. Et crois-tu que je l'aime?

GERTRUDE.

Hélas! non, mon oncle.

LE GÉNÉRAL.

Et enfin, une dernière question. Crois-tu que je t'aime?

GERTRUDE.

Oh oui! mon oncle; j'en suis bien sûre.

LE GÉNÉRAL, *l'embrassant*.

Et tu as raison, chère enfant; je t'aime parce que tu es bonne, pieuse, charitable, excellente en un mot. Et comment veux-tu que je traite avec la même amitié la nièce que j'aime et qui m'aime, et celle que je n'aime pas et qui ne m'aime pas? Je te le demande à toi-même. Ce serait-il juste et bien?

GERTRUDE.

Pas tout à fait, mon oncle, mais ce serait bien beau.

LE GÉNÉRAL.

Chère enfant, ce qui est injuste ne peut pas être beau. Ce serait, de plus, un mauvais exemple et une mauvaise leçon pour Félicie elle-même. Il faut qu'elle voie enfin qu'elle éloigne d'elle tout le monde et qu'elle se prépare une vie très malheureuse. »

Le général embrassa encore Gertrude et se leva pour continuer avec les enfants et les domestiques la surveillance du déménagement et de l'installation des Marcotte.

LE GÉNÉRAL.

Viens avec moi, ma petite Gertrude; tu nous aideras et tu empêcheras ces Marcotte de se quereller; ils ne font pas autre chose depuis qu'ils sont là-bas. »

XXV

GERTRUDE REMET LA PAIX CHEZ LES MARCOTTE.

Gertrude prit le bras que lui offrait son oncle, et ils se dirigèrent vers la maisonnette des vieux jardiniers. La charrette portant sa dernière charge, augmentée des trois enfants et de la bonne, les rattrapa près de la maison.

« Mon oncle! mon oncle! crièrent les enfants, montez avec nous sur la charrette; on est très bien.

LE GÉNÉRAL, *souriant*.

Merci, mes petits amis; j'aime mieux me trouver sur mes jambes que me sentir secoué comme vous l'êtes, perchés sur toutes ces caisses.

ANNE.

C'est très amusant, mon oncle; essayez, vous allez voir.

LE GÉNÉRAL.

Ce n'est pas la peine, nous arrivons. »

En effet, on était à la porte de la maison.

Les enfants descendirent, aidés par leur oncle et par Philippe.

« Merci, mon oncle; merci, Philippe, dirent-ils tous l'un après l'autre.

LE GÉNÉRAL.

A la bonne heure! Voilà de bons enfants qui disent merci quand on les aide!... A présent, que tout le monde se mette à décharger la voiture, nous allons tout mettre en place.

GERTRUDE.

Et moi, mon oncle, je vais aider à tout serrer dans les armoires et les bahuts.

LE GÉNÉRAL.

C'est cela, ma fille. Et vous, petits, gare à vous! Gare aux meubles!

LAURENT.

Nous allons nous reposer sous les pommiers, n'est-ce pas, mon oncle?

LE GÉNÉRAL.

Très bien! allez vous reposer de vos grandes fatigues. Valérie, restez avec eux, de crainte qu'ils ne se jettent dans les meubles et dans les jambes du cheval. »

Le déchargement fut bientôt terminé, et les meubles furent mis en place. Gertrude continua à surveiller l'humeur querelleuse des vieux époux, qui se chicanaient à propos de rien. Gertrude intervenait, décidait pour le mieux et de manière à les satisfaire.

MARCOTTE.

Et notre souper, que tu n'as seulement pas préparé!

MÈRE MARCOTTE.

Et comment que tu veux que je le prépare? Où ce que je l'aurais préparé? sur le dos du cheval, sur les caisses? sur la belle redingote?

MARCOTTE.

Tu n'as seulement pas une miche de pain, et j'ai l'estomac creux.

MÈRE MARCOTTE.

Eh bien! tu iras en chercher chez le boulanger quand nous aurons tout rangé.

MARCOTTE.

C'est là! toujours moi, toujours le bonhomme pour courir de droite et de gauche!

MÈRE MARCOTTE.

Et qui veux-tu que ce soit? Je ne puis point y aller, d'abord; je sommes trop lasse.

MARCOTTE.

Et moi donc? que les jambes me rentrent dans le ventre; je n'arriverons seulement pas à moitié chemin.

MÈRE MARCOTTE.

Eh bien! tu y resteras, mon vieux, voilà tout; pas d'embarras comme ça.

— Ma bonne mère Marcotte, dit Gertrude tout en serrant le linge, vous n'arrangez pas très bien les choses pour le pauvre père Marcotte. Moi qui suis jeune et forte et qui ne suis pas fatiguée, je vais faire bien mieux : je vais courir à la maison, et je vous rapporterai un pain et une bouteille de vin.

MÈRE MARCOTTE.

Ma bonne petite demoiselle, je ne supporterai point ça ; mon homme peut bien y aller ; il geint toujours, mais il va tout de même. Il ne faut point l'écouter.

GERTRUDE.

Ah ! mère Marcotte, vous n'êtes pas bonne pour lui. Voyez comme il a l'air fatigué ! Moi, cela m'amuse de courir, cela me fait du bien.... Voilà le linge bien rangé dans le bahut ; les draps par ici, les serviettes au milieu, les tabliers, les torchons à l'autre bout. Je vais donc aller chercher votre pain, et je reviens dans un quart d'heure. »

Gertrude partit en courant, sans attendre la réponse des Marcotte, qui restèrent un instant ébahis.

MÈRE MARCOTTE.

Vois-tu, fainéant ! Voilà que tu fais courir cette bonne petite demoiselle du bon Dieu pour faire ton ouvrage. C'est gentil, ça ! Que va dire madame ? Et M. le comte ?

MARCOTTE.

Vas-tu me laisser tranquille, enfin, vieille serpe ! Prends garde que la main me démange et que je ne gratte sur ton dos.

— Eh bien ! eh bien ! qu'est-ce qu'il y a donc ? dit le général en entrant.

MÈRE MARCOTTE.

Il y a, monsieur le comte, que cette bonne petite demoiselle Gertrude est partie en courant pour nous chercher un pain, parce que mon homme prétend qu'il n'a plus de forces et qu'il boulerait en chemin. C'est-y une raison à donner, ça, quand tout le monde se met à l'ouvrage pour lui et qu'il n'a qu'à tourner ses dix doigts.

LE GÉNÉRAL.

Gertrude est allée elle-même vous chercher du pain?

MÈRE MARCOTTE.

Oui, monsieur le comte, sans que j'aie pu l'en empêcher. Et ce fainéant, qui n'a pas plus bougé qu'un homme de bois!

LE GÉNÉRAL.

Gertrude est une bonne fille, et vous, mère Marcotte, vous êtes trop dure pour votre pauvre mari. Songez donc qu'il a soixante-douze ans, et qu'à cet âge on ne fait pas la journée d'un homme de quarante.... Père Marcotte, laissez crier votre femme, et venez nous faire voir où il faut placer votre pipe de cidre. »

Marcotte suivit le général avec empressement. Les gens du château lui arrangèrent son tonneau de cidre sur chantier. Ensuite on lui tassa son bois dans la petite cave; on plaça les bourrées et les fagots dans le grenier; ce fut la fin de l'emménagement, et tout le monde repartit. Le général dit aux domestiques d'aller se rafraîchir au château avec quelques bouteilles de vin, et lui-même partit tout doucement pour aller à la rencontre de Gertrude. Il la vit accourir de loin avec un pain de quatre livres sous le bras, une bouteille de vin à la main, et une terrine couverte dans l'autre.

Ma bonne fille, lui dit le général, pourquoi n'as-tu pas dit à un des gens d'apporter tout cela? Dans quel état tu es! Tu es en nage, ma pauvre enfant.

— C'est que j'ai toujours couru, mon oncle, répondit Gertrude. Ces pauvres Marcotte se querellaient si fort! j'ai eu peur qu'ils ne se fâchassent pour tout de bon, et les gens étaient tous occupés à la charrette. Ils avaient assez à faire. »

Le général lui essuya le front, couvert de sueur, et le lui baisa.

« Excellente enfant! Comme ta tante avait raison! »

Il lui enleva de force sa terrine et sa bouteille, et il l'accompagna jusque chez les Marcotte.

LE GÉNÉRAL.

Qu'as-tu donc dans cette lourde terrine?

GERTRUDE.

Du bouillon, mon oncle, avec quelques morceaux de bœuf. Ils n'auront plus qu'à réchauffer leur dîner, qui se trouve tout cuit d'avance.

LE GÉNÉRAL.

Tu as pensé à tout, ma bonne petite.

GERTRUDE, *vivement*.

C'est ma tante qui a fait ajouter la terrine, mon oncle; je lui avais demandé la permission d'emporter du pain et du vin; ma tante, qui est si bonne et qui pense à tout, elle, m'a dit de faire

« Mère Marcotte, vous êtes trop dure pour votre pauvre mari. » (Page 293.)

porter aux Marcotte un dîner complet. Vous voyez que ce n'est pas moi.

LE GÉNÉRAL.

Qu'est devenue Félicie?

GERTRUDE, *embarrassée*.

Elle était chez ma tante, elle est venue un peu avec moi.

LE GÉNÉRAL.

T'a-t-elle aidée à porter tes provisions?

GERTRUDE, *avec hésitation*.

Je..., je.., je lui ai dit que ce n'était pas lourd, mon oncle, que je les porterais bien seule.

LE GÉNÉRAL.

Et elle t'a laissée faire?

GERTRUDE.

Il le fallait bien, mon oncle, puisque je le voulais.

LE GÉNÉRAL, *riant*.

Ah! c'est vrai! j'oublie que tu es si méchante, qu'on n'ose pas te résister. »

Ils arrivaient chez les Marcotte, qu'ils trouvèrent contemplant de bonne amitié les agréments de leur nouveau logement. Ils déposèrent les provisions; elles furent reçues avec autant de reconnaissance que de joie. Gertrude retira encore de sa poche deux œufs et un petit paquet de sel et de poivre, puis elle se sauva, pour éviter de nouveaux remerciements.

En revenant, son oncle l'interrogea sur ses occupations habituelles, sur la vie qu'elle menait à la campagne; elle parla avec animation de sa tendresse pour ses parents, surtout pour sa mère, qu'elle n'avait jamais quittée; elle pleurait en parlant, et son oncle, peiné d'avoir excité ce chagrin, changea de conversation et lui raconta plusieurs anecdotes intéressantes de ses campagnes d'Afrique. Gertrude revint enchantée de son oncle. En arrivant, elle lui dit :

« Quand maman sera de retour, mon oncle, demandez-lui de rester bien longtemps ici. Je suis sûre qu'elle y sera aussi heureuse que moi. Et puis vous viendrez un peu chez nous en Bretagne, mon oncle; c'est un si beau pays!

— Certainement; je ne retournerai pas en Afrique sans vous avoir fait une visite. »

XXVI

INSTALLATION DES DILOY.

Une demi-journée avait suffi aux maçons pour blanchir à la chaux les plafonds et les murs de la future habitation des Diloy; tout y était blanc et propre; dans l'après-midi, tout le monde se mit à l'ouvrage pour y placer le mobilier. Félicie voulut bien y aider avec les autres; elle chercha même à l'embellir en demandant à sa mère de petits rideaux pour les croisées et différents objets de ménage.

Laurent et Anne, de leur côté, voulurent apporter de petites chaises d'enfants, une petite table, de vieux joujoux.

« Tiens, dit Laurent, mettons tout cela dans notre petite charrette. Viens, Anne; viens, Juliette;

aidez-moi à descendre les joujoux et à les charger sur la charrette. Prends ce cheval de bois, Juliette; il est trop lourd pour Anne.

ANNE.

Et moi, qu'est-ce que je porterai ?

LAURENT.

Prends cette boîte de maisons, et moi je descendrai la vaisselle, les petits pots, les assiettes, les verres.

ANNE.

Comme ils vont être contents, ces pauvres petits chemineaux !

LAURENT.

Il ne faut plus dire chemineau : Diloy n'est plus chemineau.

ANNE.

Et comment faut-il dire ?

LAURENT.

Il faut dire jardinier; les petits jardiniers.

ANNE.

Alors ils nous aideront à notre jardin ?

LAURENT.

Certainement; et nous nous amuserons bien avec eux. »

Quand le chargement de la petite charrette fut complet, Laurent se mit à traîner. Juliette et Anne poussèrent par derrière, et on se mit en marche au grand trot pour arriver plus vite. Laurent accrocha une grosse pierre qu'il n'avait pas vue, et il tomba : la charrette versa avec tout son chargement. Laurent ne s'était pas fait beaucoup de mal, il avait seulement un genou un peu écorché; il se releva promptement; les trois enfants regardaient avec consternation les effets dispersés dans l'herbe et sur le chemin.

JULIETTE.

Qu'est-ce que nous allons faire? T'es-tu fait mal, Laurent?

LAURENT.

Non, très peu.... Il faut charger de nouveau.

JULIETTE.

Si nous appelions Gertrude et Félicie? Je crois que nous avions mal chargé. Nous avions mis la table et les chaises par-dessus. Il fallait les mettre dessous.

LAURENT.

C'est vrai; cela sera moins haut.

JULIETTE.

Alors recommençons. »

Ils allaient se mettre courageusement à l'ouvrage quand Gertrude arriva.

ANNE.

Gertrude! Gertrude! veux-tu nous aider à recharger tout cela? Nous avons versé en chemin.

GERTRUDE.

Pauvres enfants! Je vais vous aider, ce sera bientôt fait.... Et, pendant que nous remettrons tout cela dans la charrette, va chercher une corde, mon petit Laurent, pour fixer les meubles; nous les attacherons comme on fait aux voitures de foin pour empêcher les bottes de tomber.

FÉLICIE, *d'une des fenêtres du château.*

Gertrude! Gertrude! où es-tu? Viens vite.

GERTRUDE, *criant.*

Je ne peux pas; qu'est-ce que tu veux?

FÉLICIE, *de même.*

Trouver un petit rideau qui me manque; j'en ai besoin tout de suite.

GERTRUDE, *de même.*

Attends un quart d'heure; j'ai affaire.

FÉLICIE.

Je suis pressée; arrive tout de suite.

GERTRUDE.

Impossible; moi aussi, je suis très pressée.

FÉLICIE.

Mais où es-tu donc? Je ne te vois pas.

GERTRUDE.

Dans le chemin du potager.

FÉLICIE.

Qu'est-ce que tu fais?

GERTRUDE.

Je charge une charrette de meubles. »

« Qu'est-ce qu'elle dit donc? pensa Félicie. On a apporté de la ville, hier et ce matin, tous les meubles pour Diloy. Il ne peut pas y avoir une charrette de meubles dans le chemin du potager; d'ailleurs il n'est pas assez large pour les charrettes. Je vais aller voir moi-même. »

Félicie descendit et trouva Gertrude, Juliette et même la petite Anne très affairées à rassembler les joujoux éparpillés.

FÉLICIE.

Comment, Gertrude! c'est ça qui t'empêche de venir me joindre? C'est ça que tu appelles un travail pressé. Ah! ah! ah! quelle bêtise!

JULIETTE.

C'est une bêtise pour toi, mais c'est très important pour nous.

FÉLICIE, à *Gertrude*.

Laisse donc cela, et viens avec moi.

GERTRUDE.

Non, Félicie, j'ai promis à ces pauvres petits de les aider, et je veux finir de tout arranger. Ils ont déjà versé une fois, parce que le mobilier était mal chargé.

FÉLICIE.

Eh bien! ils verseront une seconde fois; il n'y a pas grand mal.

JULIETTE.

Tu es méchante, Félicie! Quand ça verse, ça casse; tiens, vois, deux assiettes et un verre cassés.

FÉLICIE.

Eh bien! il en reste bien assez pour vous amuser.

ANNE.

Ce n'est pas pour nous; c'est pour les petits Diloy.

FÉLICIE.

Les petits Diloy! Tout ça pour des petits enfants de chemineau! »

Laurent venait d'arriver, traînant une corde.

LAURENT.

D'abord, Diloy n'est plus un chemineau; ensuite

il a sauvé mon oncle, il a sauvé maman, il a sauvé Anne, il a sauvé moi et il a sauvé toi, et deux fois encore! Et nous voulons lui faire plaisir pour qu'il voie que nous l'aimons.

FÉLICIE.

Maman et mon oncle l'ont bien assez récompensé en lui donnant de l'argent, des habits et la place de jardinier.

GERTRUDE.

Ce qui n'empêche pas, ma bonne Félicie, que nous autres tous, qui n'avons pu rien faire pour lui, nous sommes bien contents de pouvoir lui témoigner notre reconnaissance.

FÉLICIE.

Fameux cadeau! Des joujoux cassés!

GERTRUDE.

Ce n'est pas tant les joujoux que la pensée aimable de Laurent, d'Anne et de Juliette, qui fera plaisir à ce bon Diloy.

FÉLICIE.

D'abord, toi et Juliette, vous ne lui devez rien du tout.

GERTRUDE.

Tu appelles rien d'avoir secouru ceux que nous aimons?

FÉLICIE.

Qui donc, ceux que vous aimez?

GERTRUDE.

Vous tous et puis mon oncle.

FÉLICIE.

Oh! mon oncle! un militaire!

LAURENT.

Tu comptes mon oncle pour rien? Parce qu'il est militaire, fallait-il le laisser tuer par ces trois méchants Arabes?

ANNE.

Mon oncle, c'est bien plus que toi. Toi, tu es méchante et tu grognes toujours; et mon oncle est excellent; tout le monde l'aime et il nous aime tous,... excepté toi.

FÉLICIE.

Oh! tu n'as pas besoin de me dire que mon oncle ne m'aime pas : je sais qu'il me déteste.

GERTRUDE.

Tu as bien tort, Félicie, de le dire et de le croire. Comment mon oncle, qui est si bon, pourrait-il détester la fille de sa sœur? »

Tout en causant ou plutôt en discutant, Gertrude, aidée de Juliette et d'Anne, avait tout ramassé et replacé dans la petite charrette.

GERTRUDE.

A présent, Laurent, donne-moi la corde.

LAURENT.

La voici! Comme je n'ai trouvé personne à la ferme, j'ai pris nos deux cordes à sauter, que j'ai attachées ensemble.

FÉLICIE.

Une de ces cordes est à moi. Je ne veux pas qu'on prenne ma corde pour des petits paysans. Rends-la-moi.

LAURENT.

Oh! Félicie, je t'en prie, laisse-la-nous; c'est

seulement pour mener la charrette jusqu'à la maison de Diloy. Personne ne la touchera, je t'assure.

FÉLICIE.

Non, je ne veux pas. Tu n'as qu'à demander une corde à mon oncle; puisqu'il est *si bon*, il t'en donnera une.

LAURENT.

Mais où veux-tu qu'il en prenne une à présent? Il nous la faut tout de suite.

GERTRUDE.

Félicie, tu es fâchée, et je t'assure que tu n'as pas raison. Tu as assez d'esprit pour comprendre que tu nous fais de la peine sans que nous ayons rien fait pour te fâcher. Voyons, ma bonne Félicie, prête-nous ta corde : je te promets de la rapporter dans un quart d'heure ; veux-tu? ajouta Gertrude en allant à elle et en l'embrassant. Me la refuseras-tu, à moi qui suis ton amie? »

Félicie comprenait qu'elle jouait un rôle ridicule; elle commençait à en être embarrassée; elle saisit le moyen que lui offrait Gertrude et répondit :

« Prends tout ce que tu voudras. Je ne tiens pas à ma corde ; c'était pour taquiner Laurent et Anne que je voulais la ravoir. Ils me prennent toutes mes affaires, et je n'aime pas cela.

GERTRUDE.

Merci, Félicie. Tu es bien bonne », ajouta-t-elle après un instant d'hésitation.

Laurent sauta de joie et se mit à arranger la corde pour retenir tout le chargement. Avec l'aide de Gertrude, ce fut bientôt fait; les trois enfants repartirent au grand trot et arrivèrent sans autre accident à la maison du jardinier.

Le soir, on fit dire à Diloy qu'il pouvait arriver avec sa femme et ses enfants dès le lendemain matin. Ils ne manquèrent pas au rendez-vous. Gertrude et les enfants allèrent les y recevoir. Félicie avait d'abord refusé de les accompagner; mais un bon mouvement la fit rougir de son ingratitude. Elle avait sincèrement pardonné à Diloy l'aventure dont il avait témoigné tant de honte et de regret; elle trouva elle-même que c'était mal à elle de ne pas se trouver à son arrivée, et elle ne tarda pas à rejoindre les autres.

Il était temps; cinq minutes après, les enfants, qui s'étaient postés en sentinelle à la porte du potager, accoururent en criant:

« Les voilà, les voilà! Ils arrivent.

LAURENT.

Diloy a une caisse sur l'épaule; la femme porte un gros paquet.

ANNE.

Et les enfants portent de petits paquets.

JULIETTE.

Ils vont lentement; ils ont l'air très fatigués. »

Ils se rangèrent tous à la porte et laissèrent approcher la famille Diloy. Quand elle fut tout près, les enfants poussèrent de grands cris et se précipitèrent sur les petits Diloy, dont l'aîné avait huit ans, le second six, le troisième quatre et le dernier deux ans.

Les enfants furent effrayés de ces cris et se mirent à pleurer; les deux derniers criaient de toutes leurs forces et se débattaient contre Laurent et Anne, qui les tiraient en poussant des cris de joie.

« N'ayez pas peur; venez voir les joujoux. »

La mère les rassurait, les poussait pour les faire entrer; Diloy était tout confus de la terreur de ses enfants. Gertrude et Félicie lui dirent amicalement bonjour ainsi qu'à sa femme. Puis Gertrude obtint de Laurent et d'Anne de ne pas forcer les enfants à entrer.

LAURENT.

Il faut qu'ils voient les joujoux, pourtant; ils seront bien contents.

GERTRUDE.

Tout à l'heure, mon cher petit. Il faut les laisser s'habituer à nous tout doucement.

FÉLICIE.

Entrez, entrez, Diloy; faites entrer votre femme avec vos enfants pour qu'ils voient leur nouvelle maison. »

On parvint enfin à mettre les enfants en présence des joujoux; les cris et les pleurs s'arrêtèrent. Laurent mit la bride d'un grand cheval sans tête entre les mains du garçon de huit ans. Anne posa sa poupée sans pieds dans les bras de la fille de six ans. Juliette fit prendre une charrette à trois roues au petit garçon de quatre ans, et une boîte de petites maisons au tout petit de deux ans. Un quart d'heure après, le tumulte du premier mo-

Les enfants furent effrayés de ces cris.

ment était apaisé; les enfants de Diloy jouaient, ceux du château les faisaient jouer; une boîte de chocolat que leur donna Juliette acheva de les mettre à l'aise.

Gertrude et Félicie, pendant ce temps, faisaient tout voir au mari et à la femme.

GERTRUDE.

Cette chambre-ci est votre salle et cuisine en même temps. Voici de la vaisselle dans ce dressoir; voilà les ustensiles de cuisine; des cruches et des seaux pour l'eau. Voilà la huche pour le pain et la farine; voilà un placard à provisions.

FÉLICIE.

Voilà la chambre et une autre à côté avec les lits des garçons. Voici une armoire pleine de linge; voilà un bahut avec des vêtements pour vous tous. Voilà une table, des chaises, enfin tout ce qu'il vous faut; des cuvettes, des pots à eau, tout enfin.

GERTRUDE.

Et s'il vous manque quelque chose, vous le demanderez à ma tante; mais il me semble qu'elle a pensé à tout.

DILOY.

Mon Dieu, mon Dieu, faut-y que vous soyez tous bons pour nous établir comme ça! Oh! mes chères, mes bonnes demoiselles, jamais nous n'aurons assez de reconnaissance de tout ce que vous faites pour nous. Mais regarde donc, Marthe, tout ça est-y beau? Trop beau pour nous. Et ce crucifix! Et cette sainte Vierge! »

La femme Diloy pleurait à chaudes larmes; elle ne put dire une parole.

GERTRUDE.

Quand vous voudrez témoigner votre reconnaissance à ma tante, à mon oncle et à Félicie, mon bon Diloy, faites-le au pied de ce crucifix et de cette statuette de la sainte Vierge. C'est notre présent particulier, à Félicie et à moi; vous prierez ici pour nous, et vous y ferez prier vos enfants. »

La femme Diloy se jeta à genoux devant le crucifix et sanglota tout en remerciant Dieu de son bonheur.

Félicie et Gertrude se retirèrent; Gertrude avait compris que les Diloy préféraient rester seuls au milieu de cette émotion si vive; elles appelèrent les enfants et eurent de la peine à leur faire quitter les quatre petits Diloy.

XXVII

ENTHOUSIASME DU GÉNÉRAL.

Quand ils furent sortis du potager, les petits coururent prévenir Mme d'Orvillet et M. d'Alban de l'arrivée des Diloy. Gertrude et Félicie restèrent encore quelque temps dehors.

FÉLICIE.

Gertrude, pourquoi as-tu dit aux Diloy que je leur faisais cadeau avec toi de ce crucifix et de cette statuette de la sainte Vierge; je ne savais seulement pas que tu les avais achetés et que tu voulais les leur donner.

GERTRUDE.

Je l'ai dit pour les attacher plus encore à toi. Je suis sûre que Diloy t'aime beaucoup, et que ce souvenir de toi lui fait grand plaisir. Notre-Seigneur crucifié est l'emblème du pardon ; donné par toi, ce crucifix lui rappelle que tu lui as pardonné son acte de brutalité envers toi.

FÉLICIE, *touchée*.

Gertrude, comme tu es bonne! réellement bonne! Comme c'est bon à toi de vouloir me faire aimer plus que toi par ce pauvre Diloy! Ce qui me surprend, c'est que je suis bien aise qu'il m'aime, et que je ne le regarde plus comme un paysan.

GERTRUDE.

C'est parce qu'il t'a fait du bien et que tu en es reconnaissante malgré toi.... Ma chère Félicie, si tu le voulais, tout le monde t'aimerait. Cela te serait si facile!

FÉLICIE.

Tu trouves que c'est facile parce que tu es toujours avec les paysans, que tu es habituée à leur saleté, à leur grossièreté, à leur langage commun. Mais moi, qui vais chez tous ces gens-là le moins possible, je ne peux pas leur témoigner de l'amitié ou même de l'intérêt comme toi. L'idée ne me vient pas de les traiter amicalement comme tu le fais. Je sais bien que tu fais semblant, mais....

GERTRUDE, *très vivement*.

Semblant! Tu crois que je fais semblant? Pas du tout, c'est que je les aime très réellement ; je m'afflige de leurs chagrins ; je m'inquiète de leurs maladies, de leurs souffrances ; je suis heureuse de leurs joies ; je voudrais les voir tous heureux. Je les vois avec plaisir ; je m'intéresse à leurs affaires. Je compte sur leur affection ; je les considère comme des amis, et, sauf la fortune, comme nos égaux en tous points.

FÉLICIE, *étonnée*.

C'est impossible ce que tu dis là. Tes égaux, des paysans ignorants! des gens qui ne savent rien, qui travaillent à la terre!

GERTRUDE, *avec animation*.

S'ils travaillent, c'est pour gagner leur vie, pour faire vivre leurs familles, pour élever leurs enfants. S'ils sont ignorants, c'est qu'ils n'ont eu ni le temps ni les moyens de savoir. Ils en ont d'autant plus de mérite à être bons, à remplir leurs devoirs; bien plus de mérite que nous, qui tenons du bon Dieu de quoi vivre, et les moyens de nous instruire de nos devoirs.

FÉLICIE.

Mais tu es folle, Gertrude! Où as-tu trouvé ces idées bizarres?

GERTRUDE.

Je les ai trouvées dans l'Évangile, dans les paroles et les exemples de Notre-Seigneur et des apôtres, dans les Vies des saints, dans le catéchisme. C'est là que j'ai appris à voir des frères dans tous les hommes et à aimer en eux, non pas leurs richesses et leurs gloires, mais leurs vertus. »

Gertrude était très émue; son visage s'était embelli par les sentiments qui l'animaient. Qui l'eût vue ainsi l'eût trouvée charmante, belle même, quoiqu'elle ne fût pas régulièrement jolie.

Félicie, qui était au contraire belle et régulière, n'avait aucun charme, sauf les rares moments où un bon sentiment faisait disparaître la froideur hautaine qui la déparait. Mais ce n'étaient que des éclairs, tandis que Gertrude était constamment embellie par l'expression douce, bonne, intelligente et affectueuse de son regard. Il en résultait que l'une était belle et désagréable, l'autre pas jolie et charmante.

Mme d'Orvillet, Mme de Saintluc et le général se promenaient dans une allée couverte qui longeait le chemin qu'avaient suivi les deux cousines; on les voyait parfaitement à travers le feuillage qui abritait à leurs yeux l'oncle et ces dames.

Gertrude s'était arrêtée dans le feu de sa conversation; elle restait immobile, contemplant sa cousine avec douceur et pitié. Félicie souriait d'un air incrédule.

« Regarde-les donc, dit le général à voix basse.
— Comme Gertrude est bien! répondit de même Mme d'Orvillet.

LE GÉNÉRAL.

Superbe! Je ne l'ai jamais vue ainsi. Ce que c'est qu'une belle âme! »

Ils restèrent en contemplation sans bouger, sans parler. Petit à petit l'émotion de Gertrude se fit jour; ses yeux se remplirent de larmes.

La physionomie de Félicie s'adoucissait; son regard hautain faisait place à l'attendrissement, et, d'un mouvement inattendu, presque involontaire, elle se jeta au cou de Gertrude.

« Oh! Gertrude! que tu es bonne! J'ai honte de moi-même quand je me compare à toi. Tu es un

ange, et je me sens un vrai démon auprès de toi.
Ce que tu as dit est vrai; je le vois, je le sens;
j'ai voulu lutter contre la vérité, mais quelque
chose en toi, que je ne peux définir, m'oblige à la
reconnaître.

GERTRUDE.

Ma bonne et chère Félicie! Quel bonheur tu
viens de me donner! Tu veux décidément te faire
aimer?

FÉLICIE.

Oui, comme toi, ma chère Gertrude. Je t'imiterai
en tout : je tâcherai, du moins; je te consulterai sur
tout. Quel malheur que tu ne restes pas toujours
ici! Quand tu seras partie, je n'aurai plus personne pour me diriger.

GERTRUDE.

Et ma bonne tante! Et mon excellent oncle! Le
meilleur des hommes, le plus indulgent, le plus
aimable. Ma tante, le modèle des mères, toujours
bonne, toujours dévouée, toujours sage dans ses
conseils. Bénis Dieu, ma Félicie, d'avoir des guides,
des exemples pareils!

FÉLICIE.

Tu as raison, mais je suis plus à mon aise avec
toi. Tu es ma *semblable*; eux sont mes supérieurs.
Je les crains un peu.

GERTRUDE.

Tu les craignais quand tu faisais mal; mais, quand
tu seras devenue ce qu'ils sont eux-mêmes, tu les
aimeras trop pour les craindre, et ils t'aimeront
trop pour te gronder.

LE GÉNÉRAL, *bas.*

Je n'y tiens plus, il faut que je les embrasse.

MADAME D'ORVILLET, *le retenant.*

Non, non, Albert, n'ayons pas l'air d'avoir entendu leur conversation; elles seraient gênées, Félicie surtout. Rentrons sans bruit....

LE GÉNÉRAL.

Ou plutôt continuons notre promenade; je serais bien aise de marcher pour me remettre de l'émotion que ces petites filles m'ont fait éprouver. »

Mme de Saintluc appuya la proposition du général, et ils ne revinrent qu'une heure après. Mme de Saintluc était fort contente de l'admiration du général pour Gertrude; elle raconta divers traits de sa bonté, de sa raison, de son dévouement, qui augmentèrent encore la grande estime et l'affection du général pour cette charmante nièce. Mme de Saintluc fit aussi un grand éloge de Juliette.

« Mais, dit-elle, Gertrude est tellement au-dessus de son âge, elle est si intelligente, si aimante, si gaie, si spirituelle, si charmante enfin, qu'elle fait tort à sa sœur par la comparaison.

LE GÉNÉRAL.

Amélie a de la chance d'avoir une fille si parfaite.

MADAME DE SAINTLUC.

Et vous, général, vous avez de la chance d'avoir une nièce pareille.

LE GÉNÉRAL, *souriant.*

Oui, je ne suis pas mal partagé; j'ai un très joli choix de nièces et un gentil neveu. Et je dois ajou-

« Continuons notre promenade. »

ter que les mères sont assez bien choisies ; Hélène et Amélie sont des mères modèles et des sœurs incomparables. Quand je suis chez Hélène, il semble que je sois chez moi.

MADAME D'ORVILLET, *souriant.*

A présent que j'ai eu aussi ma part de tes éloges, Albert, je crois que nous ferions bien d'aller voir Diloy et sa famille.

— Tu as raison, Hélène ; je les avais oubliés. »

Ils trouvèrent les Diloy au comble du bonheur. Ils avaient tout vu, tout examiné ; ils avaient trouvé des vêtements, des étoffes en pièces pour Marthe et pour les enfants ; toute la famille était dans la joie ; Anne et Laurent étaient revenus jouer avec les petits ; ils avaient emmené les deux aînés dans leur jardin, et tous y travaillaient déjà activement à tout arracher, tout bouleverser, pour y replanter fleurs et légumes.

Quand le général et Mme d'Orvillet vinrent chez Diloy, il leur présenta ses deux plus jeunes enfants.

LE GÉNÉRAL.

Ils sont gentils, ces mioches ; et où sont les deux aînés ?

DILOY.

M. Laurent et mam'selle Anne les ont emmenés, monsieur le comte. Je m'en vas les chercher tout à l'heure.

LE GÉNÉRAL.

As-tu vu Félicie et Gertrude ?

DILOY.

Pour ça, oui, monsieur le comte ; ces bonnes

petites demoiselles nous attendaient ici dans la salle. Les gentilles petites demoiselles! Mam'selle Félicie a été bien aimable. Voyez, monsieur le comte, ce beau crucifix et cette jolie bonne Vierge; ce sont elles deux qui m'ont fait ces jolis cadeaux. Je les garderai bien précieusement toute ma vie durant, bien sûr.

« Quand j'aurai mangé un morceau, monsieur le comte, je ferai ma tournée dans le jardin pour voir au plus pressé.

LE GÉNÉRAL.

Tu feras bien, car le vieux Marcotte ne faisait plus grand'chose; le jardin a été bien négligé, et il y a beaucoup à faire. Le garçon jardinier est un bon travailleur, mais il n'entend rien aux ensemencements, aux arbres fruitiers et aux fleurs. »

XXVIII

LE GÉNÉRAL PROCLAMÉ FAMEUX LAPIN

Au bout de quelques jours le jardin fut nettoyé, débarrassé des mauvaises herbes; il avait déjà pris un aspect tout différent. La femme et les enfants de Diloy aidaient tant qu'ils pouvaient; mais Gustave et Marie, les deux aînés, étaient souvent dérangés par Juliette, Laurent et Anne, qui avaient aussi besoin d'ouvriers pour mettre leur jardin en état. Ils invitaient souvent leur oncle à venir voir leurs belles fleurs et leurs légumes.

LAURENT

Dans huit jours, mon oncle, vous mangerez une salade de chez nous; n'est-ce pas, Gustave?

GUSTAVE.

Pour ça, oui monsieur Laurent; mais il faut

arroser tous les jours, pour que la sécheresse ne prenne pas la laitue. Ça aime l'eau, la laitue.

LAURENT.

Seulement, mon oncle, il nous faudrait un tonneau plein d'eau ; nous sommes obligés d'aller remplir nos arrosoirs à la pompe de la ferme ; c'est fatigant. »

Le lendemain ils trouvèrent un petit tonneau avec un robinet sur une petite charrette. Il n'y avait plus qu'à traîner la charrette jusqu'à la pompe pour que le tonneau se trouvât rempli par le robinet de la pompe. Et, comme ce jeu leur plaisait, ils arrosèrent leur jardin au point d'en faire un marécage. Les laitues pourrirent au lieu de *pommer*, et les fleurs se flétrirent.

Les enfants s'inquiétaient, mais ils arrosaient toujours, malgré les représentations de leur bonne.

Un jour le général, accompagné de Gertrude et de Félicie, vint faire une visite au jardin.

« Je viens voir ma salade, que j'attends toujours et qui n'arrive pas, dit-il en approchant.

LAURENT.

Je ne sais pas ce qu'elle a, mon oncle : elle ne pousse pas comme il faut.

FÉLICIE.

Ah! mon Dieu! quelle boue! Il n'y a pas moyen d'approcher de vos salades ; c'est plein d'eau.

LE GÉNÉRAL.

Vous arrosez trop, petits nigauds! Vous voyez bien que tout est pourri par la racine.

ANNE.

Gustave nous a dit que la laitue aime l'eau.

GERTRUDE.

Mais vous lui en avez trop donné.

JULIETTE.

Comment faire alors?

LE GÉNÉRAL.

Ma foi, je n'en sais rien, à moins de tout rebêcher et ressemer. »

Laurent était désolé; Juliette et Anne le consolaient.

GERTRUDE.

Attendez; j'ai une idée qui est bonne, je crois. Il faut entourer le jardin d'un fossé; toute l'eau s'y écoulera, et vos fleurs et légumes ne pourriront plus.

LE GÉNÉRAL.

Gertrude a raison. Il faut se mettre au fossé.

JULIETTE.

Ce sera bien long pour nous, mon oncle.

GERTRUDE.

Nous allons tous vous aider. N'est-ce pas, mon oncle, que vous voudrez bien?

LE GÉNÉRAL.

Tout ce que tu voudras, ma fille; tu sais que je ne te refuse jamais rien. Laurent, va demander à Diloy qu'il nous prête de grandes bêches.

LAURENT.

Et j'appellerai aussi Gustave.

LE GÉNÉRAL, *riant*.

C'est ça; un bon ouvrier de plus. »

Laurent partit comme une flèche et revint peu d'instants après, accompagné de Diloy.

DILOY.

Monsieur le comte demande des bêches? J'en apporte trois; mais ce ne sera-t-il pas trop lourd à manier pour les enfants?

LE GÉNÉRAL.

C'est moi qui vais en prendre une, mon cher; Gertrude prendra l'autre. Et toi, Félicie, te sens-tu disposée à prendre la troisième, pour nous aider?

FÉLICIE, *après quelque hésitation.*

Je veux bien, mon oncle : c'est un peu lourd....

DILOY.

Vous ne pouvez pas vous servir d'un outil si grossier, ma bonne petite demoiselle, ni Mlle Gertrude non plus. Laissez-moi faire; je vais chercher mon garçon, qui bêche bien, et à nous deux nous aurons bientôt fait votre ouvrage.

LAURENT.

Merci, merci, Diloy; commencez tout de suite, je vais courir chercher Ferdinand. »

Il disparut aussitôt et ne tarda pas à revenir avec Ferdinand.

Pendant son absence, le général avait expliqué à Diloy le travail conseillé par Gertrude; Diloy l'approuva beaucoup et commença tout de suite le tracé du petit fossé; il le finissait lorsque Laurent arriva.

« Tiens, Ferdinand, il faut un fossé autour du jardin; quarante centimètres de largeur et trente de profondeur. Et vite, c'est un ouvrage pressé, ajouta-t-il en riant.

— D'abord, dit-il tout en bêchant, tout ce qui est pour les enfants est toujours pressé. Ils n'ont pas, comme nous, la patience d'attendre.

LE GÉNÉRAL.

Et tu crois, mon brave garçon, que je resterai les bras croisés comme un oison à te regarder faire ! Je prends ma bêche et je commence à l'autre bout. »

Gertrude voulut également aider avec une bêche des enfants ; Félicie finit par s'y mettre aussi.

DILOY.

La bonne terre doit être jetée sur les planches, ça les exhaussera et ça n'en fera que mieux.

LAURENT.

Et nos salades qui seront enterrées !

ANNE.

Et nos pauvres fleurs !

DILOY.

Quant aux fleurs, mam'selle, ça ne leur fera pas de mal. Mais, pour les salades, il faut les arracher, et lestement, car nous y arrivons tout à l'heure.

JULIETTE.

Arrachons tout ; que chacun prenne une rangée. Aide-nous, Gertrude ; aide aussi, Félicie. »

Gertrude et Félicie jetèrent leurs bêches, qui n'avançaient pas beaucoup le fossé, et se mirent avec les autres à arracher les salades. Laurent et Juliette voulurent les garder pour les éplucher, et servir à leur oncle les feuilles encore fraîches.

GERTRUDE, *riant*.

Une jolie salade que mangera mon pauvre oncle !

LAURENT.

Tiens! les feuilles sont très bonnes.

FÉLICIE.

Il n'y a pas de cœur; les feuilles sont vertes. Ce sera détestable.

ANNE.

Ce sera très bon. Qu'est-ce que ça fait que les feuilles sont vertes. » Hier j'en ai donné un peu aux lapins; ils ont tout mangé; ils ont trouvé ça très bon. »

Tout le monde partit d'un éclat de rire.

ANNE.

Pourquoi riez-vous? C'est très vrai.

GERTRUDE.

Mais mon oncle n'est pas un lapin.

ANNE.

Je sais bien! Et pourtant, l'autre jour, Diloy disait, en parlant de mon oncle, qui est si brave et si bon : « M. le comte est un fameux lapin! » Tu vois. »

Le pauvre Diloy cessa un instant de bêcher; il était tout confus. Le général interrompit aussi son travail pour rire plus à son aise. Gertrude, Félicie, Juliette et Laurent riaient aux éclats. Les rires redoublaient devant l'air étonné d'Anne.

« Ma pauvre petite Anne, dit enfin le général, je te remercie bien de ton explication pour ma salade, que je mangerai avec autant d'appétit que tes lapins.

ANNE.

N'est-ce pas, Diloy, vous avez dit que mon oncle est un fameux lapin?

— Mon Dieu, oui, mam'selle, répondit humble-

Félicie finit par s'y mettre aussi (Page 327.)

ment le pauvre Diloy tout confus; et j'en demande bien pardon à monsieur le comte. Je n'avais pas l'intention d'offenser monsieur le comte, bien sûr. Je serais bien désolé que monsieur le comte pût croire que je lui ai manqué de respect, moi qui suis tout dévoué à monsieur le comte, et qui lui suis attaché comme à un bienfaiteur.

LE GÉNÉRAL.

Sois donc tranquille, mon brave garçon; est-ce que je puis jamais avoir une pensée pareille? Mais c'est que tu m'as fait au contraire un fier compliment. Ce n'est pas chose facile ni commune que d'arriver à être un *fameux lapin*. Mes hommes appelaient le maréchal Pélissier un fameux lapin, et je t'assure qu'il ne s'en fâchait pas quand il le savait; il riait de bon cœur et remerciait de la bonne opinion qu'on avait de lui.

DILOY.

Merci bien, monsieur le comte, de me rassurer; j'aurais été si désolé de mécontenter monsieur le comte!

LE GÉNÉRAL.

Je ne suis pas si facile à fâcher, mon ami.... Et notre fossé donc! Vite, à l'ouvrage. A l'ouvrage, enfants.... Eh bien, eh bien! qu'est-ce que tu as, ma petite Anne? Pourquoi pleures-tu si fort, ma pauvre fille?

ANNE, *sanglotant*.

Félicie... m'a dit... que je suis... une méchante,... que j'ai fait... de la... peine.... à... Diloy... et à vous.

LE GÉNÉRAL, *la prenant dans ses bras et l'embrassant.*

Pas du tout, ma pauvre petite, tu n'as fait de peine à personne. Où diable, Félicie, as-tu été chercher cela pour faire pleurer cette enfant?... Console-toi, ma petite Anne; tu as très bien fait. Arrache tes salades; vous ne serez pas prêts à temps pour Diloy. Il travaille, il bêche. C'est lui qui est un fameux lapin. »

En deux heures le fossé fut terminé, et on le vit avec bonheur se remplir tout doucement d'eau. Les ouvriers étaient en nage, y compris le général; il fit apporter une bouteille d'*anisette* et du café noir tout bouillant, qu'il fit avaler à *tous les ouvriers*. Il distribua ensuite de l'anisette selon l'âge et le sexe.

Les enfants, qui ne prenaient jamais de café noir, s'en régalèrent avec délices; ils auraient voulu avoir tous les jours leur oncle dans leur jardin.

L'heure des leçons était arrivée; quand ils retournèrent à leur jardin, ils firent des cris de joie en voyant leur fossé plein d'eau et deux petits ponts que Diloy venait de leur établir.

XXIX

LE GÉNÉRAL SE LOGE ET S'ÉTABLIT

Les jours, les semaines se passèrent ainsi, tranquilles et heureux. Le caractère de Félicie, quoique amélioré, grâce à l'influence de Gertrude, apportait seul quelque trouble dans les parties de plaisir et les occupations quotidiennes des enfants; les rechutes étaient fréquentes et graves parfois; la bonne Gertrude ne se décourageait pas.

Après le retour de M. et de Mme de Soubise des eaux des Pyrénées, Gertrude tint moins souvent compagnie à Félicie, pour ne pas quitter sa mère, qui s'occupait elle-même de l'éducation de ses filles. La tendresse et la soumission de Gertrude pour sa mère eurent une heureuse influence sur Félicie; Mme d'Orvillet la trouvait de plus ou plus docile, quelquefois même plus affectueuse.

Un événement qui contribua à l'amélioration de Félicie fut une grave maladie de Diloy ; les soins dont il fut entouré par toute la famille d'Orvillet, la sollicitude, l'affection qu'on lui témoigna, firent une favorable impression sur Félicie ; elle ne dédaigna pas d'imiter Gertrude et de s'établir avec elle des heures entières près du pauvre malade, pendant que Marthe prenait un peu de repos. La maladie fut longue et dangereuse. Le bon vieux curé vint plusieurs fois visiter Diloy ; ses paroles pieuses et pleines de charité ne furent pas perdues pour Félicie ; elle sut aussi apprécier les sentiments de foi du pauvre Diloy. Résigné à tout, sincèrement soumis à la volonté du bon Dieu, il était sans cesse occupé de la crainte qu'on ne se fatiguât pour lui. La reconnaissance éclatait dans toutes ses paroles, et, quand il entra en convalescence, il l'exprima si vivement, que Félicie en fut sincèrement touchée, et qu'elle comprit enfin qu'un pauvre *paysan* pouvait avoir des sentiments aussi élevés, aussi délicats que les gens du grand monde ; et, bien qu'elle n'arrivât jamais au degré de bonté de sa mère, de son oncle et de Gertrude, elle ne choqua plus les gens du village par ses airs de hauteur et par ses paroles dédaigneuses.

Trois mois après le commencement de notre récit, Félicie fit sa première communion ; le résultat en fut très satisfaisant ; elle continua à accompagner chaque matin Gertrude et ces dames à la messe, et à faire avec Gertrude des lectures pieuses. Peu de temps après cette première communion, Mme de Soubise et Mme de Saintluc parlèrent de départ, mais le général leur demanda si instamment de prolonger d'un mois leur séjour, qu'elles y consentirent.

« Je désire vivement, dit-il, vous recevoir chez moi avant votre départ.

— Comment, chez toi! lui répondit sa sœur Amélie. Tu n'as de chez toi qu'en Afrique?

LE GÉNÉRAL.

C'est ce que nous verrons avant quinze jours, répondit le général en souriant.

— Que veut-il dire? demanda Mme de Soubise à Mme d'Orvillet quand elles furent seules.

MADAME D'ORVILLET.

Je crois que je devine. Les Castelsot ont quitté le pays; leur aventure s'était répandue; on les montrait au doigt et on ne les appelait plus que M. et Mme Futé. Leur propriété est en vente; je crois qu'Albert va l'acheter.

MADAME DE SOUBISE.

Et que fera-t-il donc tout seul dans ce grand château?

MADAME D'ORVILLET, *souriant*.

Il compte bien ne pas y être seul. Je crois encore qu'il pourrait bien se marier.

MADAME DE SOUBISE.

Se marier! Avec qui donc? Je ne vois personne à marier dans le voisinage, que cette sotte et riche veuve, Mme Chipe de Vieux.

MADAME D'ORVILLET.

Oh non! Il a meilleur goût que cela. Comment, tu n'as rien remarqué? rien deviné?

MADAME DE SOUDISE.

Rien du tout. Il ne nous quitte pas; il ne vit que pour nous et pour nos enfants. Il est admirable pour Gertrude.

MADAME D'ORVILLET.

Et puis encore?

MADAME DE SOUDISE.

Voilà tout. Mais dis-moi donc ce que c'est, qui c'est.

MADAME D'ORVILLET.

Tu n'as pas remarqué comme il est aimable pour ta belle-sœur Pauline? avec quel enthousiasme il en parle? avec quel empressement il la recherche? comme ils sont toujours ensemble?

MADAME DE SOUDISE.

C'est vrai! Tu as raison! Je le vois, maintenant que tu me le dis; et bien des fois je me suis réjouie qu'Albert témoignât tant d'amitié à Pauline, que j'aime de tout mon cœur; elle est aussi bonne et aimable que charmante; elle mène une vie bien isolée, bien triste : ni père, ni mère, ni mari, ni enfants. Je serais enchantée qu'elle devînt la femme d'Albert; et mon mari en sera bien heureux; il aime tant sa pauvre sœur et Albert!

MADAME D'ORVILLET.

Je te dirai même que Pauline m'en a parlé, et qu'elle s'attend à une demande en règle très prochainement. »

Pendant que les sœurs causaient des projets du général, celui-ci avait demandé à Mme de Saintluc la permission de lui faire une visite dans sa chambre.

« Certainement, mon cher général ; avec le plus grand plaisir. »

Le général s'assit en face de Mme de Saintluc.

« Chère madame, lui dit-il, me permettez-vous de vous parler très franchement?

MADAME DE SAINTLUC.

Très volontiers ; vous savez que ce que j'aime particulièrement en vous, c'est votre grande franchise.

LE GÉNÉRAL.

Je vais donc vous dire franchement que je veux acheter la terre des Castelsot. Qu'en dites-vous?

MADAME DE SAINTLUC.

Vous ferez très bien ; c'est une belle et jolie propriété.

LE GÉNÉRAL.

Mais quand je l'aurai, je m'y ennuierai beaucoup tout seul.

MADAME DE SAINTLUC.

Je le crois sans peine ; vous aimez trop votre famille pour vivre en ermite.

LE GÉNÉRAL.

Mais si je me mariais, je ne serais plus seul, et nous vivrions près d'Hélène.

MADAME DE SAINTLUC.

Vous dites *nous*? Qui fera le *nous*?

LE GÉNÉRAL.

Celle que j'épouserais et que j'aimerais de tout mon cœur.

MADAME DE SAINTLUC.

Et qui se trouverait très heureuse de contribuer à votre bonheur.

LE GÉNÉRAL.

Vous croyez?

MADAME DE SAINTLUC.

J'en suis sûre.

LE GÉNÉRAL.

Vous m'avez donc compris?

MADAME DE SAINTLUC, *souriant*.

Parfaitement; la chose est trop claire pour que je puisse ne pas comprendre.

LE GÉNÉRAL.

Alors vous voulez bien habiter Castelsot?

MADAME DE SAINTLUC.

Avec vous, oui.

LE GÉNÉRAL, *lui baisant la main*.

Ma chère Pauline! ma bonne Pauline! Je serai donc heureux à mon tour! Vous n'aurez pas peur de mes vivacités?

MADAME DE SAINTLUC.

Oh non! Elles sont toujours aimables; et vous les réparez si bien!...

LE GÉNÉRAL.

Mes quarante ans ne vous effrayent pas?

MADAME DE SAINTLUC.

Non, puisque j'en ai vingt-sept.

« Mes chères amies, je vous présente ma femme. » (Page 341.)

LE GÉNÉRAL.

Vous ne craindrez pas de me suivre en Algérie?

MADAME DE SAINTLUC.

Je vous suivrai partout avec plaisir.

LE GÉNÉRAL.

C'est donc une chose convenue?

MADAME DE SAINTLUC.

Mais il me semble que la chose est bien décidée.

LE GÉNÉRAL.

Merci, chère amie, merci, dit le général en lui baisant encore la main. Vous me permettez de l'annoncer à mes sœurs et à ma chère petite Gertrude? Si vous vouliez venir aussi?

MADAME DE SAINTLUC.

Je vais y aller avec vous; ce sera mon premier acte d'obéissance. »

Le général offrit son bras à Mme de Saintluc : ils entrèrent en riant chez Mme d'Orvillet. Mme de Soubise y était encore.

LE GÉNÉRAL.

Nous venons vous annoncer une nouvelle, une bonne nouvelle, mes chères amies. Je vous présente ma femme.

— Une sœur de plus, dirent-elles toutes deux en l'embrassant.

— Cher Albert, comme tu fais bien! lui dit Mme d'Orvillet en l'embrassant à son tour.

GÉNÉRAL.

Appelle Gertrude, Amélie, que je lui annonce tout de suite mon heureux mariage. Mais ne lui dis rien.

AMÉLIE.

Sois tranquille; tu seras le premier à le lui apprendre. »

Amélie sortit et rentra presque aussitôt avec Gertrude.

« Gertrude, ma chère petite Gertrude, dit le général en l'embrassant tendrement, je me marie; ta tante Pauline veut bien être ma femme.

— Ma tante Pauline! Oh! qu'elle fait bien! Comme elle sera heureuse! » répondit Gertrude en se jetant au cou de son oncle et en l'embrassant à plusieurs reprises.

Des bras de son oncle elle passa dans ceux de sa tante.

« Ma bonne chère tante, il y a longtemps que je prie le bon Dieu de vous accorder ce bonheur. Mon oncle est si bon! Et il vous aimera tant, que vous n'aurez plus rien à désirer. »

XXX

TOUT EST FINI; N'EN PARLONS PLUS

Tout le monde se trouvant satisfait, on hâta les préparatifs du mariage. Le général alla avec Mme de Saintluc voir une dernière fois le château des Castelsot en compagnie de ses sœurs, beaux-frères, nièces et neveu.

On trouva l'ensemble très beau; les choses de mauvais goût étaient faciles à changer. Le général acheta la terre, qu'il paya six cent mille francs, et lui rendit son nom, qui était Valjoli.

Il fit, aussitôt après, les démarches nécessaires pour se faire remplacer en Algérie et se faire mettre en disponibilité.

« J'ai vingt-deux ans de service et presque autant de campagnes, dit-il; je ne me sens pas le courage de quitter ma femme et ma famille. S'il y a une guerre sérieuse, je demanderai un commandement; jusque-là je vivrai tranquille chez moi. »

Quinze jours après, il s'installa à Valjoli avec sa charmante femme en sortant de la messe de mariage. Un grand déjeuner était préparé pour la famille. Un bouquet magnifique, offert par Diloy, occupait le milieu de la table. Les enfants s'amusèrent beaucoup; ils coururent partout, visitèrent tous les recoins du château. Le jardinier les laissa cueillir des fleurs en quantité; ils en firent des bouquets pour leur bonne. On les ramena en voiture; ils traversèrent le bois où s'était passée la rencontre de Diloy et de l'ours. Ce souvenir leur causait toujours de l'émotion.

Le soir, en se mettant à table, chacun soupira en pensant au général et à sa femme.

« Quel dommage que mon oncle nous ait quittés! dit Gertrude en soupirant. Et ma tante Pauline aussi. Ils vont bien nous manquer.

MADAME DE SOUBISE.

C'est vrai, chère enfant; mais ils sont si heureux, que nous ne pouvons les regretter beaucoup.

GERTRUDE.

Aussi mes regrets ne sont que pour notre vie à nous, maman, qui sera moins agréable sans eux. »

Peu de jours après le mariage du général, M. et Mme de Soubise et leurs enfants retournèrent chez eux en Bretagne. Félicie regretta sa cousine, mais pas assez vivement pour se trouver attristée de son départ. Il y avait en elle un fond d'égoïsme et de jalousie que réveillait sans cesse la grande affection que tout le monde, sans exception, témoignait à Gertrude.

Quand elle resta seule, elle ralentit ses bonnes œuvres, ses visites de charité aux gens du village, aux pauvres, aux malades. Elle continua pourtant à témoigner un certain intérêt aux Diloy, et à leur rendre de temps en temps de petits services.

A son retour à Paris, on la trouva fort embellie, car son visage avait changé d'expression; il avait pris beaucoup plus de douceur et de bonté. Elle a dix-sept ans maintenant, et ceux qui ne la connaissent pas intimement la trouvent très jolie.

Gertrude vient d'épouser le fils du duc de la Folotte, jeune homme charmant âgé de vingt-cinq ans, fort raisonnable, et qui avait aidé son père à refaire une grande partie de son ancienne fortune. C'est le général qui a organisé ce mariage; il réunissait souvent les jeunes gens à *Valjoli*. Le jeune duc ne fut pas longtemps à reconnaître les charmantes qualités de Gertrude. Il vint un matin déclarer au général qu'il désirait vivement unir sa vie à celle de Gertrude, et que, si elle n'y donnait pas son consentement, il irait s'engager comme soldat en Algérie.

Le général lui promit de parler à Mme de Soubise et à Gertrude elle-même le plus tôt possible, c'est-à-dire avant la fin du jour. Le consentement de Mme de Soubise fut donné une heure après. De chez sa sœur, le général alla chez sa nièce, qu'il trouva peignant une vue de Valjoli.

LE GÉNÉRAL.

Gertrude, ma fille, veux-tu te marier?

— Cela dépend du mari que vous m'aurez choisi, mon oncle, répondit Gertrude en rougissant.

LE GÉNÉRAL.

Oh! quant à cela, c'est un mari de premier choix : tout ce qu'il faut pour te rendre heureuse. Bon chrétien, bon fils, garçon sage et rangé, joli garçon, de l'esprit, de l'instruction, des goûts tranquilles; il t'aime comme un fou. En veux-tu?

GERTRUDE.

D'après le portrait que vous en faites, mon oncle, ma réponse est facile à deviner, si toutefois maman veut bien y consentir.

LE GÉNÉRAL.

C'est fait; elle a dit oui.

GERTRUDE.

Alors je dis comme elle, mon oncle.

LE GÉNÉRAL.

Et tu ne demandes seulement pas son nom?

GERTRUDE.

En faisant son éloge, vous l'avez nommé, mon oncle.

LE GÉNÉRAL.

Bravo! voilà qui est bien répondu. Ne bouge pas d'ici. Je reviens dans deux minutes. »

Le général sortit précipitamment. Il ne tarda pas à rentrer, suivi du jeune duc.

« La voilà, mon ami ; tout le monde a dit oui. Arrangez-vous ensemble maintenant. »

Et il sortit, laissant le duc en face de Gertrude, tous deux fort embarrassés.

Gertrude avait encore sa palette et ses pinceaux à la main. Le jeune homme restait debout à la contempler, aussi embarrassé qu'elle du tour que leur jouait le général.

Un sourire de Gertrude coupa court à cet embarras, et ils s'entendirent probablement très bien, car, une heure après, ils allaient ensemble chez Mme de Soubise, qui les reçut dans ses bras.

Ce fut une fête générale à Valjoli et à Orvillet. Un mois après, le mariage se fit en grande pompe à Valjoli. Les deux villages furent invités à la noce. Gertrude en fit les honneurs avec une grâce charmante. Félicie fut assez aimable ; les Robillard, les Moutonet furent particulièrement soignés. On dansa jusqu'à la nuit ; Félicie, cette fois, dansa la première contredanse avec Diloy ; Anne dansa avec les six Moutonet. Laurent et Anne s'en donnèrent à cœur joie ; les petits Diloy les accompagnaient partout avec le jeune Germain.

Le général a deux enfants : l'aîné, Pierre, qui a quatre ans, tient le poêle sur la tête des jeunes mariés pendant la cérémonie ; le second, Paul, regardait et battait des mains ; tous deux sont charmants comme père et mère.

Les Castelsot ont disparu, mais on sait qu'ils se

sont ruinés, qu'ils ont quitté la France, et qu'ils sont allés refaire fortune en Californie. Le bruit a couru qu'ils avaient été pris par les Indiens et massacrés.

Le pauvre Moutonet est plus mouton que jamais. Amanda règne et gouverne dans le ménage. Elle est même parvenue à se faire craindre de sa belle-mère, de son beau-père Moutonet, et de tous les Moutonet du pays, garçons et filles.

Laurent a fait sa première communion l'année dernière ; lui et Anne sont de charmants enfants ; leur bonne les aime tendrement.

Juliette est très gentille ; elle est de plus très jolie, aussi jolie que Félicie et Anne ; mais elle n'a pas ce charme de Gertrude qui attire tout le monde.

Diloy est le plus heureux des hommes ; il a fait de son jardin un potager merveilleux qu'on vient voir de dix lieues à la ronde ; il aime de plus en plus ses excellents maîtres. Sa femme est la plus heureuse des femmes ; les enfants sont très gentils ; Gustave aide déjà son père au jardinage ; le père cherche à en faire un jardinier de premier ordre pour le placer chez le général, qui en a un assez médiocre, mais qu'il garde pour attendre les vingt ans de Gustave.

Le général est à la veille de marier son vieux valet de chambre avec Valérie, qui hésite à cause de Laurent et d'Anne. Elle demande trois ans encore. Le général ne lui accorde que la fin de l'année. Mme d'Orvillet l'engage à se marier et à ne pas sacrifier tout son avenir à un dévouement inutile, Laurent et Anne n'ayant plus besoin de ses soins et restant dans le voisinage. On est presque sûr que Valérie acceptera.

TABLE DES MATIÈRES.

Chapitres.		Pages.
I.	Félicie...	1
II.	La visite aux Germain.............................	15
III.	Le chemineau.......................................	25
IV.	Le chemineau s'explique........................	37
V.	Le chemineau et l'ours...........................	49
VI.	Récit des enfants à leur bonne................	61
VII.	Mystère dévoilé et rencontre imprévue.....	73
VIII.	Le bon oncle d'Alban.............................	87
IX.	Invitation de Robillard...........................	97
X.	Embarras de Félicie..............................	107
XI.	La mairie et le repas de noce.................	119
XII.	Le chemineau et le général en présence...	129
XIII.	Impertinence de Félicie........................	139
XIV.	Félicie se radoucit...............................	153
XV.	Conversations utiles............................	163
XVI.	Arrivée de Gertrude.............................	179
XVII.	Gertrude est charmante......................	191
XVIII.	Encore le chemineau sauveur..............	203
XIX.	Beau projet détruit par Félicie..............	215
XX.	Félicie raccommode ce qu'elle a brisé....	229
XXI.	Le général exécute les Castelsot...........	239
XXII.	Félicie s'exécute elle-même.................	251
XXIII.	Le déménagement. Les Marcotte se querellent	265
XXIV.	Félicie reprend ses grands airs.............	277
XXV.	Gertrude remet la paix chez les Marcotte..	289

TABLE DES MATIÈRES

Chapitres.		Pages.
XXVI.	Installation des Diloy	299
XXVII.	Enthousiasme du général	313
XXVIII.	Le général proclamé fameux lapin	323
XXIX.	Le général se loge et s'établit.	333
XXX.	Tout est fini; n'en parlons plus	343

FIN DE LA TABLE.

15335. — Imprimerie A. Lahure, rue de Fleurus, 9, à Paris.

LIBRAIRIE HACHETTE ET Cⁱᵉ
BOULEVARD SAINT-GERMAIN, 79, A PARIS

LE
JOURNAL DE LA JEUNESSE

NOUVEAU RECUEIL HEBDOMADAIRE
TRÈS RICHEMENT ILLUSTRÉ
POUR LES ENFANTS DE 10 A 15 ANS

Les vingt-deux premières années (1873-1894),
formant
quarante-quatre beaux volumes grand in-8, sont en vente.

Ce nouveau recueil est une des lectures les plus attrayantes que l'on puisse mettre entre les mains de la jeunesse. Il contient des nouvelles, des contes, des biographies, des récits d'aventures et de voyages, des causeries sur l'histoire naturelle, la géographie, les arts et l'industrie, etc., par

Mᵐᵉˢ S. BLANDY, COLOMB, GUSTAVE DEMOULIN, ESMA D'ERWIN,
ZÉNAÏDE FLEURIOT, ANDRÉ GÉRARD, JULIE GOURAUD, MARIE MARÉCHAL,
L. MUSSAT, P. DE NANTEUIL, OUIDA, DE WITT NÉE GUIZOT;
MM. A. ASSOLANT, DE LA BLANCHÈRE, LÉON CAHUN, CHAMPOL,
RICHARD CORTAMBERT, ERNEST DAUDET, DILLAYE, LOUIS ÉNAULT,
J. GIRARDIN, AIMÉ GIRON, AMÉDÉE GUILLEMIN, CH. JOLIET, ALBERT LÉVY,
ERNEST MENAULT, EUGÈNE MULLER, PAUL PELET, LOUIS ROUSSELET,
Cᵗ STANY, G. TISSANDIER, P. VINCENT, ETC.,

et est
ILLUSTRÉ DE 11 500 GRAVURES SUR BOIS

d'après les dessins de

É. BAYARD, BERTALL, BLANCHARD,
CAIN, CASTELLI, CATENACCI, CRAFTY, C. DELORT,
FAGUET, FÉRAT, FERDINANDUS, GILBERT,
GODEFROY DURAND, HUBERT-CLERGET, KAUFFMANN, LIX, A. MARIE,
MESNEL, MOYNET, MIRBACH, A. DE NEUVILLE, PHILIPPOTEAUX,
POIRSON, PRANISHNIKOFF, RICHNER, RIOU,
RONJAT, SAHIB, TAYLOR, THÉROND,
TOFANI, VOGEL, TH. WEBER, E. ZIER.

CONDITIONS DE VENTE ET D'ABONNEMENT

Le **JOURNAL DE LA JEUNESSE** paraît le samedi de chaque semaine. Le prix du numéro, comprenant 16 pages grand in-8, est de 40 centimes.

Les 52 numéros publiés dans une année forment deux volumes.

Prix de chaque volume : broché, 10 francs ; cartonné en percaline rouge, tranches dorées, 13 francs.

PRIX DE L'ABONNEMENT
POUR PARIS ET LES DÉPARTEMENTS

Un an (2 volumes).	20 francs
Six mois (1 volume).	10 —

Prix de l'abonnement pour les pays étrangers qui font partie de l'Union générale des postes : Un an, 22 francs ; six mois, 11 francs.

Les abonnements se prennent à partir du 1er décembre et du 1er juin de chaque année.

MON JOURNAL

NOUVEAU RECUEIL HEBDOMADAIRE

Illustré de nombreuses gravures en couleurs et en noir

A L'USAGE DES ENFANTS DE HUIT A DOUZE ANS

QUATORZIÈME ANNÉE

(1894-1895)

DEUXIÈME SÉRIE

MON JOURNAL, à partir du 1er Octobre 1892, est devenu hebdomadaire, de mensuel qu'il était, et convient à des enfants de 8 à 12 ans.

Il paraît un numéro le samedi de chaque semaine. — Prix du numéro, 15 centimes.

ABONNEMENTS :

FRANCE	UNION POSTALE
Six mois............ 4 fr. 50	Six mois............ 5 fr. 50
Un an............... 8 fr. »	Un an............... 10 fr. »

Prix de chaque année de la deuxième série :
Brochée, 8 fr. — Cartonnée, 10 fr.

Prix des années IX, X et XI (1re série) : chacune, brochée, 2 fr. ; cartonnée en percaline gaufrée, avec fers spéciaux à froid, 2 fr. 50. (Les années I à VIII sont épuisées.)

NOUVELLE COLLECTION ILLUSTRÉE
POUR LA JEUNESSE ET L'ENFANCE
1re SÉRIE, FORMAT IN-8 JÉSUS

Prix du volume : broché, 7 fr.; cartonné, tranches dorées, 10 fr.

About (Ed.) : *Le roman d'un brave homme*. 1 vol. illustré de 52 compositions par Adrien Marie.
— *L'homme à l'oreille cassée*. 1 vol. ill. de 61 comp. par Eug. Courboin.

Cahun (L.) : *Les aventures du capitaine Magon*. 1 vol. illustré de 72 gravures d'après Philippoteaux.
— *La bannière bleue*. 1 vol. illustré de 73 gravures d'après Lix.

Dillaye (Fr.) : *Les jeux de la jeunesse*. 1 vol. illustré de 203 grav.

Dronsart (Mme M.) : *Les grandes voyageuses*. 1 vol. ill. de 75 grav.

Du Camp (Maxime) : *La vertu en France*. 1 vol. ill. de 45 grav. d'après Duez, Myrbach, Tofani et E. Zier.
— *Bons cœurs et braves gens*. 1 vol. illustré de 50 grav. d'après Myrbach et Tofani.

Fleuriot (Mlle Z.) : *Cœur muet*. 1 vol. ill. de grav. d'après Adrien Marie.
— *Papillonne*. 1 volume illustré de 50 gravures d'après E. Zier.

Guillemin (Amédée) : *La Pesanteur et la Gravitation universelle*. — *Le Son*. 1 vol. contenant 3 planches en couleurs, 23 planches en noir et 445 figures dans le texte.
— *La lumière*. 1 vol. contenant 13 planches en couleurs, 14 planches en noir et 353 figures dans le texte.
— *Le Magnétisme et l'Électricité*. 1 v. contenant 5 pl. en couleurs, 15 pl. en noir et 577 fig. dans le texte.
— *La Chaleur*. 1 vol. contenant 1 pl. en couleurs, 8 planches en noir et 324 gravures dans le texte.

Guillemin (Amédée) (suite) : *La Météorologie et la Physique moléculaire*. 1 vol. contenant 9 planches en couleurs, 20 planches en noir et 343 gravures dans le texte.

La Ville de Mirmont (H. de) : *Contes Mythologiques*. 1 vol. illustré de 41 gravures.

Maël (Pierre) : *Une Française au Pôle Nord*. 1 vol. illustré de 52 grav. d'après Paris.
— *Terre de Fauves*. 1 volume illustré de 52 gravures, d'après les dessins d'Alfred Paris.

Manzoni : *Les fiancés*. Édition abrégée par Mme J. Colomb. 1 vol. illustré de 40 gravures d'après J. Le Blant.

Mouton (Eug.) : *Vie et Aventures du Capitaine Marius Cougourdan*. 1 vol. ill. de 66 grav. d'après E. Zier.
— *Joël Kerbabu*. 1 vol. illustré de 55 gravures d'après A. Paris.
— *Voyages merveilleux de Lazare Poban*. 1 vol. illustré de 51 grav. d'après Zier.

Rousselet (Louis) : *Nos grandes écoles militaires et civiles*. 1 vol. ill. de grav. d'après A. Lemaistre, Fr. Régamey et P. Renouard.
— *Nos grandes écoles d'application*. 1 vol. ill. de 95 gr. d'après Busson, Calmettes, Lemaistre et P. Renouard.

Toudouze (Gustave) : *Enfant perdu (1814)*. 1 volume illustré de 49 gravures d'après J. Le Blant.

Witt (Mme de), née Guizot : *Les femmes dans l'histoire*. 1 vol. illustré de 80 gravures.
— *La charité en France à travers les siècles*. 1 vol. ill. de 50 gravures.
— *Père et fils*. 1 volume illustré de 40 gravures d'après Vogel.

2e SÉRIE, FORMAT IN-8 RAISIN

Prix du volume : broché, 4 fr.; cartonné, tranches dorées, 6 fr.

Arthez (Danielle d') : *Les tribulations de Nicolas Mender*. 1 vol. ill. de 83 grav. d'après Tofani.

Assollant (A.) : *Pendragon*. 1 vol. avec 42 gravures d'après C. Gilbert.

Blandy (Mme S.) : *La part du Cadet.* 1 vol. illustré de 112 gravures d'après Zier.

Champol (F.) : *Anaïs Evrard.* 1 volume illustré de 22 gravures d'après Tofani et Bergevin.

Chéron de la Bruyère (Mme) : *La tante Derbier.* 1 vol. illustré de 50 gravures d'après Myrbach.

— *Princesse Rosalba.* 1 vol. illustré de 60 gravures d'après Tofani.

Colomb (Mme) : *Le violoneux de la sapinière.* 1 vol. avec 85 gravures d'après A. Marie.

— *La fille de Carilès.* 1 vol. avec 96 grav. d'après A. Marie.
  Ouvrage couronné par l'Académie française.

— *Deux mères.* 1 vol. avec 133 grav. d'après A. Marie.

— *Le bonheur de Françoise.* 1 vol. avec 112 grav. d'après A. Marie.

— *Chloris et Jeanneton.* 1 vol. avec 105 gravures d'après Sahib.

— *L'héritière de Vauclain.* 1 vol. avec 104 grav. d'après C. Delort.

— *Franchise.* 1 vol. avec 113 gravures d'après C. Delort.

— *Feu de paille.* 1 vol. avec 98 grav. d'après Tofani.

— *Les étapes de Madeleine.* 1 vol. avec 105 grav. d'après Tofani.

— *Denis le tyran.* 1 vol. avec 115 grav. d'après Tofani.

— *Pour la muse.* 1 vol. avec 105 grav. d'après Tofani.

— *Pour la patrie.* 1 vol. avec 112 grav. d'après E. Zier.

— *Hervé Plémeur.* 1 vol. avec 112 grav. d'après E. Zier.

— *Jean l'innocent.* 1 vol. illustré de 112 gravures d'après Zier.

— *Danielle.* 1 vol. illustré de 112 grav. d'après Tofani.

— *Mon oncle d'Amérique.* 1 vol. illustré de 112 grav. d'après Tofani.

— *La Fille des Bohémiens.* 1 vol. illustré de 112 grav. d'après S. Reichan.

— *Les conquêtes d'Hermine.* 1 vol. ill. de 112 grav. d'après Th. Voge.

— *Hélène Corianis.* 1 vol. illustré de 80 gravures d'après A. Moreau.

Cortambert et Deslys : *Le pays du soleil.* 1 vol. avec 35 gravures.

Daudet (E.) : *Robert Darnetal.* 1 vol. avec 81 grav. d'après Sahib.

Demage (G.) : *A travers le Sahara.* 1 vol. illustré de 84 grav. d'après Mme Crampel.

Demoulin (Mme G.) : *Les animaux étranges.* 1 vol. avec 172 gravures.

Deslys (Ch.) : *Nos Alpes*, avec 39 gravures d'après J. David.

— *La mère aux chats.* 1 vol. avec 50 gravures d'après H. David.

Énault (L.) : *Le chien du capitaine.* 1 vol. avec 43 gr. d'après E. Riou.

Fleuriot (Mlle Z.) : *M. Nostradamus.* 1 vol. avec 36 gr. d'après A. Marie.

— *La petite duchesse.* 1 vol. avec 73 gravures d'après A. Marie.

— *Grand cœur.* 1 vol. avec 45 gravures d'après C. Delort.

— *Raoul Daubry, chef de famille.* 1 vol. avec 32 gr. d'après C. Delort.

— *Mandarine.* 1 vol. avec 93 gravures d'après C. Gilbert.

— *Cadok.* 1 vol. avec 24 gravures d'après C. Gilbert.

— *Câline.* 1 vol. avec 102 grav. d'après G. Fraipont.

— *Feu et flamme.* 1 vol. avec 80 gravures d'après Tofani.

— *Le clan des têtes chaudes.* 1 vol. illustré de 65 gr. d'après Myrbach.

— *Au Galadoc.* 1 vol. illustré de 60 gravures d'après Zier.

— *Les premières pages.* 1. vol. avec 75 gravures d'après Adrien Marie.

— *Rayon de soleil.* 1 vol. illustré de 10 gravures d'après Mencina Kresz.

Girardin (J.) : *Les braves gens.* 1 v. avec 115 gr. d'après E. Bayard.
  Ouvrage couronné par l'Académie française.

— *Nous autres.* 1 vol. avec 182 gravures d'après E. Bayard.

— *La toute petite.* 1 vol. avec 128 gravures d'après E. Bayard.

— *L'oncle Placide.* 1 vol. avec 139 gravures d'après A. Marie.

— *Le neveu de l'oncle Placide.* 3 vol. illustrés de 367 gravures d'après A. Marie, qui se vendent séparément.

— *Grand-père.* 1 vol. avec 91 gravures d'après C. Delort.
  Ouvrage couronné par l'Académie française.

Girardin (J.) (suite) : *Maman*. 1 vol. avec 119 gravures d'après Tofani.
— *Le roman d'un cancre*. 1 vol. avec 119 gravures d'après Tofani.
— *Les millions de la tante Zézé*. 1 vol. avec 112 grav. d'après Tofani.
— *La famille Gaudry*. 1 vol. avec 112 gravures d'après Tofani.
— *Histoire d'un Berrichon*. 1 vol. avec 112 gravures d'après Tofani.
— *Le capitaine Bassinoire*. 1 vol. illustré de 119 gravures d'après Tofani.
— *Second violon*. 1 vol. illustré de 112 gravures d'après Tofani.
— *Le fils Valansé*. 1 vol. avec 112 gravures d'après Tofani.
— *Le commis de M. Bouvat*. 1 vol. illustré de 119 gr. d'après Tofani.

Giron (Aimé) : *Les trois rois mages*. 1 vol. illustré de 60 gravures d'après Fraipont et Pranishnikoff.

Gouraud (Mlle J.) : *Cousine Marie*. 1 vol. avec 36 gravures d'après A. Marie.

Meyer (Henri) : *Les Jumeaux de la Bouzaraque*. 1 vol. illustré de 71 gravures d'après Tofani.
— *Le serment de Paul Marcorel*. 1 vol. illustré de 51 gravures d'après Tofani.

Nanteuil (Mme P. de) : *Capitaine*. 1 vol. illustré de 72 gravures d'après Myrbach.
Ouvrage couronné par l'Académie française.
— *Le général Du Maine*. 1 vol. avec 70 gravures d'après Myrbach.
— *L'épave mystérieuse*. 1 volume illustré de 80 gr. d'après Myrbach.
Ouvrage couronné par l'Académie française.
— *En esclavage*. 1 vol. illustré de 80 gravures d'après Myrbach.
— *Une poursuite*. 1 vol. illustré de 57 gravures d'après Alfred Paris.
— *Le secret de la grève*. 1 vol. ill. de 50 gr. d'après A. Paris.
— *Alexandre Vorof*. 1 vol. illustré de 80 gravures d'après Myrbach.
— *L'héritier des Vauberts*. 1 vol. illustré de 80 gravures d'après A. Paris.

Rousselet (L.) : *Le charmeur de serpents*. 1 vol. avec 68 gravures d'après A. Marie.

Rousselet (L.) (suite) : *Le Fils du Connétable*. 1 vol. avec 113 grav. d'après Pranishnikoff.
— *Les deux mousses*. 1 vol. avec 90 gravures d'après Sahib.
— *Le tambour du Royal-Auvergne*. 1 vol. avec 115 gr. d'après Poirson.
— *La peau du tigre*. 1 vol. avec 102 gr. d'après Bellecroix et Tofani.

Saintine : *La nature et ses trois règnes*. 1 vol. avec 171 grav. d'après Foulquier et Faguet.
— *La mythologie du Rhin et les contes de la mère-grand*. 1 vol. avec 160 grav. d'après G. Doré.

Schultz (Mlle Jeanne) : *Tout droit*. 1 vol. ill. de 112 gr. d'après E. Zier.
— *La famille Hamelin*. 1 vol. ill. de 89 gravures d'après E. Zier.
— *Sauvons Madelon!* 1 vol. illustré de 60 gravures d'après Tofani.

Stany (Le Cte) : *Les trésors de la Fable*. 1 vol. illustré de 80 gravures d'après E. Zier.
— *Mabel*. 1 vol. illustré de 60 gravures d'après E. Zier.

Tissot et Améro : *Aventures de trois fugitifs en Sibérie*. 1 vol. avec 72 gr. d'après Pranishnikoff.

Witt (Mme de), née Guizot : *Scènes historiques*. 1re série. 1 vol. avec 18 gr. d'après E. Bayard.
— *Scènes historiques*. 2e série. 1 vol. avec 28 gravures d'après A. Marie.
— *Normands et Normandes*. 1 vol. avec 70 gravures d'après E. Zier.
— *Un jardin suspendu*. 1 vol. avec 30 gravures d'après C. Gilbert.
— *Notre-Dame Guesclin*. 1 vol. avec 70 gravures d'après E. Zier.
— *Une sœur*. 1 vol. avec 65 gravures d'après E. Bayard.
— *Légendes et récits pour la jeunesse*. 1 vol. avec 18 gravures d'après Philippoteaux.
— *Un nid*. 1 vol. avec 63 gravures d'après Ferdinandus.
— *Un patriote au XIVe siècle*. 1 vol. illustré de gravures d'après E. Zier.
— *Alsaciens et Alsaciennes*. 1 vol. illustré de 60 grav. d'après A. Moreau et E. Zier.

BIBLIOTHÈQUE DES PETITS ENFANTS
DE 4 A 8 ANS

FORMAT GRAND IN-16

CHAQUE VOLUME, BROCHÉ, 2 FR. 25

CARTONNÉ EN PERCALINE BLEUE, TRANCHES DORÉES, 3 FR. 50

Ces volumes sont imprimés en gros caractères

Chéron de la Bruyère (Mme) : *Contes à Pépéo*, 1 vol. avec 24 gravures d'après Grivaz.
— *Plaisirs et aventures*. 1 vol. avec 30 gravures d'après Jeanniot.
— *La perruque du grand-père*. 1 vol. illustré de 30 gr. d'après Tofani.
— *Les enfants de Boisfleuri*. 1 vol. ill. de 30 grav. d'après Semechini.
— *Les vacances à Trouville*. 1 vol. avec 40 gravures d'après Tofani.
— *Le château du Roc-Salé*. 1 vol. illustré de 30 gr. d'après Tofani.
— *Les enfants du capitaine*. 1 vol. ill. de 30 grav. d'après Geoffroy.
— *Autour d'un bateau*. 1 vol. illustré de 36 gravures d'après E. Zier.

Desgranges : *Le chemin du collège*. 1 vol. ill. de 30 grav. d'après Tofani.
— *La famille Le Jarriel*. 1 vol. illustré de 36 gr. d'après Geoffroy.

Duporteau (Mme) : *Petits récits*. 1 vol. avec 28 gr. d'après Tofani.

Erwin (Mme E. d') : *Un été à la campagne*. 1 vol. avec 39 grav.

Favre : *L'épreuve de Georges*. 1 vol. avec 44 gravures d'après Geoffroy.

Franck (Mme E.) : *Causeries d'une grand'mère*. 1 vol. avec 72 grav.

Fresneau (Mme), née de Ségur : *Une année du petit Joseph*. Imité de l'anglais. 1 vol. avec 67 gravures d'après Jeanniot.

Girardin (J.) : *Quand j'étais petit garçon*. 1 vol. avec 52 gravures.
— *Dans notre classe*. 1 vol. avec 26 gravures d'après Jeanniot.
— *Un drôle de petit bonhomme*. 1 vol. illustré de 36 grav. d'après Geoffroy.

Le Roy (Mme F.) : *L'aventure de petit Paul*. 1 vol. illustré de 45 gravures, d'après Ferdinandus.
— *Les étourderies de Mlle Lucie*. 1 vol. ill. de 30 gr. d'après Robaudi.
— *Pipo*, 1 vol. illustré de 36 gravures d'après Mencina Kresz.

Malasses (Mme) : *Sable-Plage*, 1 vol. ill. de 52 grav. d'après Zier.

Molesworth (Mrs) : *Les aventures de M. Baby*, traduit de l'anglais. 1 vol. avec 12 gravures.

Pape-Carpantier (Mme) : *Nouvelles histoires et leçons de choses*. 1 vol. avec 42 gravures d'après Semechini.

Surville (André) : *Les grandes vacances*, 1 vol. avec 30 gravures d'après Semechini.
— *Les amis de Berthe*. 1 vol. avec 30 gravures d'après Ferdinandus.
— *La petite Gironnette*. 1 vol. illustré de 34 gravures d'après Grigay.
— *Fleur des champs*. 1 vol. illustré de 32 gravures d'après Zier.
— *La vieille maison du grand-père*. 1 vol. avec 34 gravures d'après Zier.
— *La fête de Saint-Maurice*. 1 vol. illustré de 34 grav. d'après Tofani.

Witt (Mme de), née Guizot : *Histoire de deux petits frères*. 1 vol. avec 45 grav. d'après Tofani.
— *Sur la plage*. 1 vol. avec 55 gravures d'après Ferdinandus.
— *Par monts et par vaux*. 1 vol. avec 54 grav. d'après Ferdinandus.
— *En pleins champs*. 1 vol. avec 45 gravures d'après Gilbert.
— *A la montagne*. 1 vol. illustré de 45 gravures d'après Ferdinandus.
— *Deux tout petits*. 1 vol. illustré de 32 gravures d'après Ferdinandus.
— *Au-dessus du lac*. 1 vol. avec 44 gr.
— *Les enfants de la tour du Roc*. 1 vol. ill. de 56 gr. d'après E. Zier.
— *La petite maison dans la forêt*. 1 vol. illustré de 36 grav. d'après Robaudi.
— *Histoires de bêtes*. 1 vol. illustré de 34 gravures d'après Bouisset.
— *Au creux du rocher*. 1 vol. ill. de 48 grav. d'après Robaudi.

BIBLIOTHÈQUE ROSE ILLUSTRÉE

FORMAT IN-16, A 2 FR. 25 C. LE VOLUME

La reliure en percaline rouge, tranches dorées, se paye en sus 1 fr. 25

1re SÉRIE. — POUR LES ENFANTS DE 4 A 8 ANS

Anonyme : *Chien et Chat;* 5e édition, traduit de l'anglais par Mme A. Dibarrart. 1 vol. avec 45 gravures d'après E. Bayard.

— *Douze histoires pour les enfants de quatre à huit ans,* par une mère de famille; 3e édit. 1 vol. avec 18 grav. d'après Bertall.

— *Les enfants d'aujourd'hui,* par la même; 3e édit. 1 vol. avec 40 grav. d'après Bertall.

Carraud (Mme) : *Historiettes véritables,* pour les enfants de quatre à huit ans; 6e édition. 1 vol. avec 94 grav. d'après Fath.

Fath (G.) : *La sagesse des enfants,* proverbes; 4e édit. 1 vol. avec 100 grav. d'après l'auteur.

Laroque (Mme) : *Grands et petits;* 1 vol. avec 61 gravures d'après Bertall.

Marcel (Mme J.) : *Histoire d'un cheval de bois;* 4e édit. 1 vol. imprimé en gros caractères, avec 20 gravures d'après E. Bayard.

Pape-Carpantier (Mme) : *Histoires et leçons de choses pour les enfants;* 12e édit. 1 vol. avec 85 gravures d'après Bertall.

Ouvrage couronné par l'Académie française.

Perrault, Mmes d'Aulnoy et Leprince de Beaumont : *Contes de fées.* 1 volume avec 65 gravures d'après Bertall, Forest, etc.

Porchat (L.) : *Contes merveilleux;* 5e édit. 1 vol. avec 21 gravures d'après Bertall.

Schmid (Le chanoine) : *100 contes pour les enfants,* trad. de l'allemand par A. Van Hasselt; 7e édit. 1 vol. avec 29 grav. d'après Bertall.

Ségur (Mme de) : *Nouveaux contes de fées;* nouvelle édition. 1 vol. avec 46 gravures d'après G. Doré et J. Didier.

2e SÉRIE. — POUR LES ENFANTS DE 8 A 14 ANS

Alcott (Miss) : *Sous les lilas,* traduit de l'anglais par Mme Lopage; 2e édition. 1 volume avec 23 gravures.

Andersen : *Contes choisis,* trad. du danois par Soldi; 9e édition. 1 vol. avec 40 gravures d'après Bertall.

Anonyme : *Les fêtes d'enfants, scènes et dialogues* ; 5° édition. 1 vol. avec 41 gravures d'après Foulquier.

Assollant (A.) : *Les aventures merveilleuses mais authentiques du capitaine Corcoran* ; 8° édit. 2 vol. avec 50 grav. d'après A. de Neuville.

Barrau (Th.) : *Amour filial* ; 5° édition. 1 vol. avec 41 gravures d'après Foragio.

Dawr (Mme de) : *Nouveaux contes* ; 6° édition. 1 vol. avec 40 gravures d'après Bertall.
Ouvrage couronné par l'Académie française.

Belèze : *Jeux des adolescents* ; 6° édition. 1 vol. avec 140 gravures.

Berquin : *Choix de petits drames et de contes* ; 2° édition. 1 vol. avec 36 gravures d'après Foulquier, etc.

Berthot (E.) : *L'enfant des bois* ; 8° édition. 1 vol. avec 61 gravures.
— *La petite Chailloux*. 1 vol. avec 44 gravures d'après Bayard et J. Fraipont.

Blanchère (De la) : *Les aventures de La Ramée et de ses trois compagnons* ; 4° édit. 1 vol. avec 36 gravures d'après E. Forest.
— *Oncle Tobie le pêcheur* ; 3° édit. 1 vol. avec 80 gravures d'après Foulquier et Mesnel.

Boiteau (P.) : *Légendes recueillies ou composées pour les enfants* ; 3° édition. 1 vol. avec 42 gravures d'après Bertall.

Carpentier (Mlle) : *La maison du bon Dieu* ; 2° édit. 1 vol. avec 58 gravures d'après Riou.
— *Sauvons-le !* 2° édition. 1 vol. avec 40 gravures d'après Riou.
— *Le secret du docteur*, ou la Maison fermée ; 2° édition. 1 vol. avec 43 gravures d'après Girardet.
— *La tour du Preux*. 1 vol. avec 60 gravures d'après Tofani.
— *Pierre le Tors*. 1 vol. avec 56 gravures d'après E. Zier.
— *La dame bleue*. 1 vol. avec 49 gravures d'après E. Zier.

Carraud (Mme) : *La petite Jeanne* ; 10° édit. 1 vol. avec 21 gravures d'après Forest.
Ouvrage couronné par l'Académie française.
— *Les métamorphoses d'une goutte d'eau* ; 5° édition. 1 vol. avec 50 gravures d'après E. Bayard.

Castillon (A.) : *Récréations physiques* ; 8° édition. 1 vol. avec 36 grav. d'après Castelli.
— *Récréations chimiques* ; 5° édit. 1 vol. avec 34 grav. d'après H. Castelli.

Cazin (Mme) : *Les petits montagnards* ; 2° édition. 1 vol. avec 51 grav. d'après G. Vuillier.
— *Un drame dans la montagne* ; 2° édit. 1 vol. avec 33 gravures d'après G. Vuillier.
— *Histoire d'un pauvre petit*. 1 vol. avec 60 gravures d'après Tofani.
— *L'enfant des Alpes* ; 2° édition. 1 vol. avec 33 gravures d'après Tofani.
Ouvrage couronné par l'Académie française.
— *Perletta*. 1 vol. avec 51 gravures d'après Myrbach.
— *Les saltimbanques*, scènes de la montagne. 1 vol. avec 65 gravures d'après Girardet.
— *Le petit chevrier*. 1 vol. avec 39 gravures d'après Vuillier.
— *Jean le Savoyard*. 1 vol. avec 51 grav. d'après Slom.
— *Les orphelins bernois*. 1 vol. avec 58 gravures d'après E. Girardet.

Chabreul (Mme de) : *Jeux et exercices des jeunes filles* ; 6° édition. 1 vol. avec la musique des rondes et 55 gravures d'après Fath.

Chéron de la Bruyère (Mme) : *Giboulée*. 1 vol. illustré de 24 gravures d'après Zier.

Cim (Albert) : *Mes amis et moi*. 1 vol. avec 16 grav. d'après Ferdinandus et Slom.
— *Entre camarades*. 1 vol. illustré de 20 gravures d'après Ferdinandus.

Colet (Mme L.) : *Enfances célèbres* ; 12° édit. 1 vol. avec 57 gravures d'après Foulquier.

Colomb (Mme J.) : *Souffre-Douleur.* 1 vol. avec 49 gravures d'après Mlle Lancelot.

Contes anglais, traduits par Mme de Witt. 1 vol. avec 43 gravures d'après E. Morin.

Deschamps (F.) : *Mon amie Georgette.* 1 vol. illustré de 43 gravures d'après Robaudi.

— *Mon ami Jean.* 1 vol. illustré de 40 gravures d'après Robaudi.

Desiya (Ch.) : *Grand'maman.* 1 vol. avec 29 gravures d'après Ed. Zier.

Edgeworth (Miss) : *Contes de l'adolescence.* 1 vol. avec 42 gravures d'après Morin.

— *Contes de l'enfance.* 1 vol. avec 27 gravures d'après Foulquier.

— *Damain*, suivi de *Mourad le malheureux.* 1 vol. avec 53 gravures d'après Bertall.

Fath (G.) : *Bernard, la gloire de son village.* 1 vol. avec 56 gravures d'après l'auteur.
Ouvrage couronné par l'Académie française.

Fleuriot (Mlle Z.) : *Le petit chef de famille*; 9e édit. 1 vol. avec 57 grav. d'après Castelli.

— *Plus tard, ou le Jeune Chef de famille*; 6e édit. 1 vol. avec 60 grav. d'après E. Bayard.

— *Un enfant gâté*; 4e édition. 1 vol. avec 48 gravures d'après Ferdinandus.

— *Tranquille et Tourbillon*; 3e édition. 1 vol. avec 45 gravures d'après C. Delort.

— *Cadette*; 3e édit. 1 vol. avec 25 grav. d'après Tofani.

— *En congé*; 6e édit. 1 vol. avec 61 gravures d'après A. Marie.

— *Bigarrette*; 6e édit. 1 vol. avec 55 gravures d'après A. Marie.

— *Bouche-en-Cœur*; 3e édit. 1 vol. avec 45 gravures d'après Tofani.

— *Gildas l'Intraitable*; 2e édit. 1 vol. avec 56 gravures d'après E. Zier.

— *Parisiens et montagnards.* 1 vol. avec 49 gravures d'après E. Zier.

Foa (De) : *La vie et les aventures de Robinson Crusoé*, édit. abrégée. 1 vol. avec 40 grav.

Fonvielle (W. de) : *Néridah.* 2 vol. avec 40 gravures d'après Sahib.

Fresneau (Mme), née Ségur : *Comme les grands!* 1 vol. avec 46 grav. d'après Ed. Zier.

— *Thérèse à Saint-Domingue.* 1 vol. avec 49 gravures d'après Tofani.

— *Les protégés d'Isabelle.* 1 vol. avec 50 grav.

— *Deux abandonnées.* 1 vol. illustré de 49 gravures d'après M. Orange.

Froment : *Petit-Prince.* 1 vol. illustré de 5 gravures d'après Vogel.

Genlis (Mme de) : *Contes moraux.* 1 vol. avec 40 gravures d'après Foulquier, etc.

Gérard (A.) : *Petite Rose.* — *Grande Jeanne.* 1 vol. avec 28 gravures d'après C. Gilbert.

Girardin (J.) : *La disparition du grand Krause*; 2e édition. 1 vol. avec 70 gravures d'après Kauffmann.

Giron (Aimé) : *Ces pauvres petits!* 2e édition. 1 vol. avec 22 grav. d'après B. de Monvel, etc.

Gouraud (Mlle J.) : *Les enfants de la ferme*; 5e édit. 1 vol. avec 59 grav. d'après E. Bayard.

— *Le livre de maman*; 4e édition. 1 vol. avec 68 gravures d'après E. Bayard.

— *Cécile, ou la Petite Sœur*; 7e édition. 1 vol. avec 26 gravures d'après Dusandré.

— *Lettres de deux poupées*; 6e édition. 1 vol. avec 59 grav. d'après Olivier.

— *Le petit colporteur*; 6e édition. 1 vol. avec 27 gravures d'après A. de Neuville.

— *Les mémoires d'un petit garçon*; 9e édit. 1 vol. avec 86 gravures d'après E. Bayard.

— *Les mémoires d'un caniche*; 9e édition. 1 vol. avec 75 gravures d'après E. Bayard.

Gouraud (Mlle J.) (suite) : *L'enfant du guide*; 5ᵉ édition. 1 vol. avec 60 gravures d'après E. Bayard.

— *Petite et grande*; 4ᵉ édition. 1 vol. avec 48 gravures d'après E. Bayard.

— *Les quatre pièces d'or*; 5ᵉ édition. 1 vol. avec 61 gravures d'après E. Bayard.

— *Les deux enfants de Saint-Domingue*; 4ᵉ édit. 1 vol. avec 54 grav. d'après E. Bayard.

— *La petite maîtresse de maison*; 5ᵉ édit. 1 vol. avec 37 gravures d'après A. Marie.

— *Les filles du professeur*; 3ᵉ édit. 1 vol. avec 30 gravures d'après Kauffmann.

— *La famille Barel*; 2ᵉ édit. 1 vol. avec 48 gravures d'après Valnay et Ferdinandus.

— *Aller et retour*; 2ᵉ édition. 1 vol. avec 40 gravures d'après Ferdinandus.

— *Les petits voisins*; 2ᵉ édition. 1 vol. avec 39 gravures d'après C. Gilbert.

— *Chez grand'mère*; 2ᵉ édition. 1 vol. avec 03 gravures d'après Tofani.

— *Le petit bonhomme*. 1 vol. avec 45 gravures d'après Ferdinandus.

— *Le vieux château*. 1 vol. avec 28 gravures d'après E. Zier.

— *Pierrot*. 1 vol. avec 31 grav. d'après Zier.

— *Minette*. 1 vol. avec 52 grav. d'après Tofani.

— *Quand je serai grande*. 1 vol. avec 36 gravures d'après Ferdinandus.

Grimm (Les frères) : *Contes choisis*, trad. de l'allemand. 1 vol. avec 40 grav. d'après Bertall.

Hauff : *La caravane*, trad. de l'allemand, 5ᵉ édition. 1 vol. avec 40 grav. d'après Bertall.

— *L'auberge du Spessart*, 5ᵉ édition. 1 vol. avec 61 grav. d'après Bertall.

Hawthorne : *Le livre des merveilles*, trad. de l'anglais; 3ᵉ édit. 2 vol. avec 40 grav. d'après Bertall.

Johnson : *Dans l'extrême Far West*, traduit de l'anglais par A. Talandier; 2ᵉ édition. 1 vol. avec 20 gravures d'après A. Marie.

Marcel (Mme J.) : *L'école buissonnière*; 4ᵉ édit. 1 vol. avec 20 gravures d'après A. Marie.

— *Le bon frère*; 4ᵉ édition. 1 vol. avec 21 gravures d'après E. Bayard.

— *Les petits vagabonds*; 4ᵉ édition. 1 vol. avec 25 gravures d'après E. Bayard.

— *Histoire d'une grand'mère et de son petit-fils*. 1 vol. avec 30 gravures d'après Dolort.

— *Daniel*; 8ᵉ édition. 1 vol. avec 45 gravures d'après Gilbert.

— *Le frère et la sœur*. 1 vol. avec 45 gravures d'après E. Zier.

— *Un bon gros pataud*. 1 vol. avec 46 gravures d'après Jeanniot.

— *Un bon oncle*. 1 vol. avec 50 grav. d'après F. Régamey.

Maréchal (Mlle) : *La dette de Ben-Aïssa*; 4ᵉ édit. 1 vol. avec 20 grav. d'après Bertall.

— *Nos petits camarades*; 2ᵉ édition. 1 vol. avec 18 gravures d'après E. Bayard et H. Castelli.

— *La maison modèle*; 3ᵉ édition. 1 vol. avec 42 gravures d'après Sahib.

Marmier : *L'arbre de Noël*; 4ᵉ édition. 1 vol. avec 68 gravures d'après Bertall.

Martignat (Mlle de) : *Les vacances d'Élisabeth*; 3ᵉ édit. 1 vol. avec 40 grav. d'après Kauffmann.

— *L'oncle Boni*; 2ᵉ édition. 1 vol. avec 42 gravures d'après Gilbert.

— *Ginette*; 2ᵉ édit. 1 vol. avec 50 gravures d'après Tofani.

— *Le manoir d'Yolan*; 2ᵉ édition. 1 vol. avec 56 gravures d'après Tofani.

— *Le pupille du général*. 1 vol. avec 40 gravures d'après Tofani.

Martignat (Mlle de) (suite) : *L'héritière de Maurirèze.* 1 vol. avec 41 gravures d'après Poirson.

— *Une vaillante enfant;* 2ᵉ édit. 1 vol. avec 43 gravures d'après Tofani.

— *Une petite nièce d'Amérique.* 1 vol. avec 43 gravures d'après Tofani.

— *La petite fille du vieux Thómi.* 1 vol. avec 44 gravures d'après Tofani.

Mayne-Reid (Le capitaine) : Œuvres traduites de l'anglais :

— *Les chasseurs de girafes.* 1 vol. avec 10 gravures d'après A. de Neuville.

— *A fond de cale, voyage d'un jeune marin à travers les ténèbres.* 1 vol. avec 12 grandes gravures.

— *A la mer!* 1 vol. avec 12 grandes gravures.

— *Bruin, ou les Chasseurs d'ours.* 1 vol. avec 8 grandes gravures.

— *Le chasseur de plantes.* 1 vol. avec 12 grandes gravures.

— *Les exilés dans la forêt.* 1 vol. avec 12 grandes gravures.

— *L'habitation du désert, ou Aventures d'une famille perdue dans les solitudes de l'Amérique.* 1 vol. avec 23 grandes gravures d'après G. Doré.

— *Les grimpeurs de rochers, suite du Chasseur de plantes.* 1 vol. avec 20 grandes gravures.

— *Les peuples étranges.* 1 vol. avec 8 gravures.

— *Les vacances des jeunes Boers.* 1 vol. avec 12 grandes gravures.

— *Les veillées de chasse.* 1 vol. avec 45 gravures d'après Freeman.

— *La chasse au Léviathan.* 1 vol. avec 51 gravures d'après Ferdinandus et Weber.

— *Les naufragés de la Calypso.* 1 vol. avec 55 gravures d'après Pranishnikoff.

Meyners d'Estrey : *Les aventures de Gérard Hendriks à la recherche de son frère.* 1 vol. illustré de 15 gravures d'après Mme P. Crampel.

— *Au pays des diamants.* 1 vol. illustré de gravures d'après Riou.

Moussac (Mme la marquise de) : *Popo et Lili, histoire de deux jumeaux.* 1 vol. avec 58 grav. d'après Zier.

Muller (E.) : *Robinsonnette;* 4ᵉ édition. 1 vol. avec 23 gravures d'après Lix.

Peyronny (Mme de) : *Deux cœurs dévoués;* 4ᵉ édit. 1 vol. avec 53 grav. d'après Davaux.

Pitray (Mme de) : *Les enfants des Tuileries;* 4ᵉ édit. 1 vol. avec 29 grav. d'après E. Bayard.

— *Les débuts du gros Philéas;* 4ᵉ édition. 1 vol. avec 57 gravures d'après H. Castelli.

— *Le château de la Pétaudière;* 3ᵉ édition. 1 vol. avec 78 gravures d'après A. Marie.

— *Le fils du maquignon;* 2ᵉ édition. 1 vol. avec 63 gravures d'après Riou.

— *Petit Monstre et Poule Mouillée;* 6ᵉ mille. 1 vol. avec 36 gravures d'après E. Girardet.

— *Robin des Bois.* 1 vol. avec 40 gravures d'après Sirouy.

— *L'usine et le château.* 1 vol. avec 44 grav. d'après Robaudi.

— *L'arche de Noé.* 1 vol. illustré d'après Robaudi.

Rendu (V.) : *Mœurs pittoresques des insectes.* 1 vol. avec 49 gravures.

Sandras (Mme) : *Mémoires d'un lapin blanc;* 5ᵉ édit. 1 vol. avec 20 grav. d'après E. Bayard.

Sannois (Mme de) : *Les soirées à la maison;* 3ᵉ édit. 1 vol. avec 42 grav. d'après E. Bayard.

Ségur (Mme de) : *Après la pluie le beau temps;* nouvelle édition. 1 vol. avec 123 gravures d'après E. Bayard.

— *Comédies et proverbes;* nouvelle édition. 1 vol. avec 60 gravures d'après E. Bayard.

— *Diloy le Chemineau;* nouvelle édition. 1 vol. avec 90 gravures d'après H. Castelli.

— *François le Bossu;* nouvelle édition. 1 vol. avec 114 gravures d'après E. Bayard.

Ségur (Mme de) (suite) : *Jean qui grogne et Jean qui rit*, nouvelle édition. 1 vol. avec 70 grav. d'après H. Castelli.

— *La fortune de Gaspard*; nouvelle édit. 1 vol. avec 32 gravures d'après Gorlier.

— *La sœur de Gribouille*; nouvelle édition. 1 vol. avec 72 gravures d'après Castelli.

— *Pauvre Blaise*; nouvelle édition. 1 vol. avec 90 gravures d'après H. Castelli.

— *Quel amour d'enfant!* nouvelle édition. 1 vol. avec 70 gravures d'après E. Bayard.

— *Un bon petit diable*; nouvelle édition. 1 vol. avec 100 gravures d'après Castelli.

— *Le mauvais génie*; nouvelle édition. 1 vol. avec 90 gravures d'après E. Bayard.

— *L'auberge de l'Ange-Gardien*; nouvelle édition. 1 vol. avec 75 grav. d'après Foulquier.

— *Le général Dourakine*; nouvelle édition. 1 vol. avec 100 gravures d'après E. Bayard.

— *Les bons enfants*; nouvelle édition. 1 vol. avec 70 grav. d'après Ferogio.

— *Les deux nigauds*; nouvelle édition. 1 vol. avec 70 grav. d'après Castelli.

— *Les malheurs de Sophie*; nouvelle édition. 1 vol. avec 48 gravures d'après Castelli.

— *Les petites filles modèles*; nouvelle édition. 1 vol. avec 21 grandes gravures d'après Bertall.

— *Les vacances*; nouvelle édition. 1 vol. avec 36 gravures d'après Bertall.

— *Mémoires d'un âne*; nouvelle édition. 1 vol. avec 75 gravures d'après Castelli.

Stolz (Mme de) : *La maison roulante*; 7e édit. 1 vol. avec 20 gravures d'après E. Bayard.

— *Le trésor de Nanette*; 6e édition. 1 vol. avec 25 gravures d'après E. Bayard.

— *Blanche et Noire*; 4e édition. 1 vol. avec 54 gravures d'après E. Bayard.

— *Par-dessus la haie*; 4e édition. 1 vol. avec 56 gravures d'après A. Marie.

Stolz (Mme de) (suite) : *Les poches de mon oncle*; 5e édition. 1 vol. avec 20 gravures d'après Bertall.

— *Les vacances d'un grand-père*; 4e édition. 1 vol. avec 40 gravures d'après G. Delafosse.

— *Le vieux de la forêt*; 3e édition. 1 vol. avec 40 gravures d'après Sahib.

— *Les deux reines*; 2e édit. 1 vol. avec 32 gravures d'après Delort.

— *Les mésaventures de Mlle Thérèse*; 3e édition. 1 vol. avec 29 gravures d'après Charles.

— *Les frères de lait*; 2e édition. 1 vol. avec 42 gravures d'après E. Zier.

— *Magali*; 2e éd. 1 vol. avec 36 grav. d'après Tofani.

— *Les deux André*. 1 vol. avec 45 gravures d'après Tofani.

— *Deux tantes*. 1 vol. avec 43 gravures d'après Ed. Zier.

— *Violence et bonté*. 1 vol. avec 30 gravures d'après Tofani.

— *L'embarras du choix*. 1 vol. avec 40 gravures d'après Tofani.

— *Petit Jacques*. 1 vol. avec 48 gravures d'après Tofani.

— *La famille Coquelicot*. 1 vol. illustré de 30 gravures d'après Jeanniot.

Swift : *Voyages de Gulliver*, traduits de l'anglais et abrégés à l'usage des enfants. 1 vol. avec 57 gravures d'après G. Delafosse.

Tournier : *Les premiers chants*, poésies à l'usage de la jeunesse; 2e édition. 1 vol. avec 20 gravures d'après Gustave Roux.

Verley : *Miss Fantaisie*. 1 vol. avec 36 grav. d'après Zier.

Vimont (Ch.) : *Histoire d'un navire*; 8e édit. 1 vol. avec 40 grav. d'après Alex. Vimont.

Witt (Mme de), née Guizot : *Enfants et parents*; 4e édition. 1 vol. avec 31 gravures d'après A. de Neuville.

— *La petite fille aux grand'mères*; 4e édit. 1 vol. avec 36 gravures d'après Beau.

— *En quarantaine, jeux et récits*; 2e édit. 1 vol. avec 48 gravures d'après Ferdinandus.

3ᵉ SÉRIE. — POUR LES ADOLESCENTS
ET POUVANT FORMER UNE BIBLIOTHÈQUE POUR LES JEUNES FILLES DE 14 A 18 ANS

VOYAGES

Agassiz (M. et Mme) : *Voyage au Brésil*, traduit et abrégé par J. Belin-de Launay ; 3ᵉ édition. 1 vol. avec 15 gravures et 1 carte.

Aunet (Mme d') : *Voyage d'une femme au Spitzberg* ; 6ᵉ édit. 1 vol. avec 31 gravures.

Baines : *Voyages dans le sud-ouest de l'Afrique*, traduits et abrégés par J. Belin-de Launay ; 2ᵉ édit. 1 vol. avec 22 grav. et 1 carte.

Baker : *Le lac Albert. Nouveau voyage aux sources du Nil*, abrégé par J. Belin-de Launay ; 2ᵉ édit. 1 vol. avec 16 grav. et 1 carte.

Baldwin : *Du Natal au Zambèse, 1851-1866. Récits de chasses*, abrégés par J. Belin-de Launay ; 3ᵉ édit. 1 vol. avec 24 grav. et 1 carte.

Burton (Le capitaine) : *Voyages à la Mecque, aux grands lacs d'Afrique et chez les Mormons*, abrégés par J. Belin-de Launay ; 2ᵉ édit. 1 vol. avec 12 gravures et 3 cartes.

Catlin : *La vie chez les Indiens*, traduite de l'anglais ; 6ᵉ édition. 1 vol. avec 25 gravures.

Fonvielle (W. de) : *Le glaçon du Polaris, aventures du capitaine Tyson* ; 3ᵉ édit. 1 vol. avec 19 gravures et 1 carte.

Hayes (Dʳ) : *La mer libre du pôle*, traduite par F. de Lanoye et abrégée par J. Belin-de Launay ; 2ᵉ édition. 1 vol. avec 14 gravures et 1 carte.

Hervé et de Lanoye : *Voyage dans les glaces du pôle arctique* ; 6ᵉ édition. 1 vol. avec 40 gravures.

Lanoye (F. de) : *Le Nil, son bassin et ses sources* ; 4ᵉ édit. 1 vol. avec 32 gravures et cartes.

— *La Sibérie* ; 2ᵉ édition. 1 vol. avec 48 gravures d'après Lebreton, etc.

— *Les grandes scènes de la nature* ; 5ᵉ édit. 1 vol. avec 40 gravures.

— *La mer polaire, voyage de l'Erèbe et de la Terreur* ; 4ᵉ édit. 1 vol. avec 29 gravures et des cartes.

Livingstone : *Explorations dans l'Afrique australe*, abrégées par J. Belin-de Launay ; 5ᵉ édit. 1 vol. avec 20 gravures et 1 carte.

— *Dernier journal*, abrégé par J. Belin-de Launay ; 2ᵉ édition. 1 vol. avec 16 gravures et 1 carte.

Mage (E.) : *Voyage dans le Soudan occidental*, abrégé par J. Belin-de Launay ; 2ᵉ édit. 1 vol. avec 16 gravures et 1 carte.

Milton et Cheadle : *Voyage de l'Atlantique au Pacifique*, trad. et abrégé par J. Belin-de Launay ; 2ᵉ édit. 1 vol. avec 16 grav. et 2 cartes.

Mouhot (Ch.) : *Voyage dans les royaumes de Siam, de Cambodge et de Laos* ; 4ᵉ édition. 1 vol. avec 28 gravures et 1 carte.

Palgrave (W. G.) : *Une année dans l'Arabie centrale*, trad. abrégée par J. Belin-de Launay ; 2ᵉ édition. 1 vol. avec 12 grav. et 1 carte.

Pfeiffer (Mme) : *Voyages autour du monde*, abrégés par J. Belin-de Launay ; 5ᵉ édition. 1 vol. avec 16 gravures et 1 carte.

Piotrowski : *Souvenirs d'un Sibérien* ; 3ᵉ édit. 1 vol. avec 10 gravures.

Schweinfurth (Dʳ) : *Au cœur de l'Afrique (1868-1871)*, traduit par Mme H. Loreau, et abrégé par J. Belin-de Launay ; 2ᵉ édition. 1 vol. avec 16 gravures et 1 carte.

Speke : *Les sources du Nil*, édition abrégée par J. Belin-de Launay ; 3ᵉ édition. 1 vol. avec 24 gravures et 3 cartes.

Stanley : *Comment j'ai retrouvé Livingstone*, trad. par Mme H. Loreau et abrégé par J. Belin-de Launay ; 4ᵉ édit. 1 vol. avec 16 gravures et 1 carte.

Vambery : *Voyages d'un faux derviche dans l'Asie centrale*, traduits par E. Forgues, et abrégés par J. Belin-de Launay ; 4ᵉ édit. 1 vol. avec 18 gravures et 1 carte.

HISTOIRE

Loyal Serviteur (Le) : *Histoire du gentil seigneur de Bayard*, revue et abrégée, à l'usage de la jeunesse, par Alph. Foillet ; 4ᵉ éd. 1 vol. avec 30 gravures d'après P. Sellier.

Monnier (M.) : *Pompéi et les Pompéiens* ; 3ᵉ édition, à l'usage de la jeunesse. 1 vol. avec 23 gravures d'après Thérond.

Plutarque : *Vies des Grecs illustres*, édition abrégée par Alph. Foillet, 5ᵉ édit. 1 vol. avec 63 gravures d'après P. Sellier.
— *Vies des Romains illustres*, édit. abrégée par Alph. Foillet. 5ᵉ édit. 1 vol. avec 69 grav.

Retz (De) : *Mémoires*, abrégés par Alph. Foillet. 1 vol. avec 35 gravures d'après Gilbert.

LITTÉRATURE

Bernardin de Saint-Pierre : *Œuvres choisies*. 1 vol. avec 12 gravures d'après E. Bayard.

Cervantes : *Don Quichotte de la Manche*. 1 vol. avec 64 grav. d'après Bertall et Forest.

Homère : *L'Iliade et l'Odyssée*, traduites par P. Giguet, abrégées par Alph. Foillet. 1 vol. avec 33 gravures d'après Olivier.

Le Sage : *Aventures de Gil Blas*, édition destinée à l'adolescence. 1 vol. avec 50 gravures d'après Leroux.

Mac-Intosh (Miss) : *Contes américains*, traduits par Mme Dionis ; 2ᵉ édition. 2 vol. avec 120 gravures d'après E. Bayard.

Maistre (X. de) : *Œuvres choisies*. 1 vol. avec 15 gravures d'après E. Bayard.

Molière : *Œuvres choisies*, abrégées à l'usage de la jeunesse. 2 vol. avec 22 gravures d'après Hillemacher.

Virgile : *Œuvres choisies*, traduites et abrégées à l'usage de la jeunesse, par Th. Barrau et Alph. Foillet. 1 vol. avec 20 gravures d'après les grands peintres, par P. Sellier.

PETITE BIBLIOTHÈQUE DE LA FAMILLE

Format petit in-12

A 2 FRANCS LE VOLUME

LA RELIURE EN PERCALINE GRIS PERLE, TRANCHES ROUGES,
SE PAIE EN SUS 50 C.

Champol : *En deux mots.* 1 vol.

Fleuriot (Mlle Z.) : *Tombée du nid.* 2ᵉ éd. 1 vol.

— *Raoul Daubry, chef de famille.* 2ᵉ éd. 1 vol.

— *L'héritier de Kerguignon.* 3ᵉ édit. 1 vol.

— *Réséda.* 10ᵉ édit. 1 vol.

— *Ces bons Rosaëc.* 2ᵉ édit. 1 vol.

— *La vie en famille.* 9ᵉ édit. 1 vol.

— *Le cœur et la tête.* 2ᵉ édit. 1 vol.

— *Au Galadoc.* 1 vol.

— *De trop.* 1 vol.

— *Le théâtre chez soi, comédies et proverbes.* 2ᵉ édit. 1 vol.

— *Sans Beauté*, 18ᵉ édit. 1 vol.

— *Loyauté.* 1 vol.

— *La clef d'or.* 1 vol.

— *Bengale.* 1 vol.

— *La glorieuse.* 1 vol.

— *Un fruit sec.* 1 vol.

Fleuriot Kérinou : *De fil en aiguille.* 1 vol.

Girardin (J.) : *Les théories du docteur Wurtz.* 1 vol.

Girardin (J.) (suite) : *Miss Sans-Cœur.* 4ᵉ édit. 1 vol.

— *Les Braves gens.* 1 vol.

— *Mauviette.* 1 vol.

Giron (Aimé) : *Braconnette.* 1 vol.

Marcel (Mme J.) : *Le Clos-Chantereine.* 1 vol.

Nanteuil (Mme P. de) : *Les élans d'Élodie.* 1 vol.

Verley : *Une perfection.* 1 vol.
Ouvrage couronné par l'Académie française.

Viele (Mme Van de) : *Filleul du roi.* 1 vol.

Witt (Mme de), née Guizot : *Tout simplement.* 2ᵉ édit. 1 vol.

— *Reine et maîtresse.* 1 vol.

— *Un héritage.* 1 vol.

— *Ceux qui nous aiment et ceux que nous aimons.* 1 vol.

— *Sous tous les cieux.* 1 vol.

— *A travers pays.*

— *Vieux contes de la veillée.* 1 vol.

— *Regain de vie.* 1 vol.

— *Contes et légendes de l'Est.* 1 vol.

— *Les chiens de l'amiral.* 1 vol.

— *Sur quatre roues.* 1 vol.

D'AUTRES VOLUMES SONT EN PRÉPARATION

www.ingramcontent.com/pod-product-compliance
Lightning Source LLC
Chambersburg PA
CBHW050537170426
43201CB00011B/1459